確実に稼げる
株式投資
副業入門

冨田晃右

ソーテック社

ご利用前に必ずお読みください

本書は株式売買、投資の参考となる情報提供、技術解説を目的としています。株式売買、投資の意思決定、最終判断はご自身の責任において行ってください。

本書に掲載した情報に基づいた投資結果に関しましては、著者および株式会社ソーテック社はいかなる場合においても責任は負わないものとします。

また、本書は2017年4月現在の情報をもとに作成しています。掲載されている内容につきましては、ご利用時には変更されている場合もありますので、あらかじめご了承ください。

以上の注意事項をご承諾いただいたうえで、本書をご利用願います。

本書の内容には、正確を期するよう万全の努力を払いましたが、記述内容に誤り、誤植などがありましても、その責任は負いかねますのでご了承ください。

Cover Design...Yoshiko Shimizu(smz')

まえがき

株で、誰かに儲けさせてもらおうと思っている人ではなくて、自分自身の力で稼ぎたい人へ！

私は、株の塾である冨田塾の塾生に、口酸っぱくいつも言っている言葉があります。

「新聞を読むな！」「テレビを見るな！」「ラジオを聴くな！」「会社四季報を見るな！」「証券マンの言うことを聞くな！」「投資顧問業者に頼るな！」「一切の媒体をシャットアウトしろ！」「株で稼ぐために、株価チャート（株価の過去の値動きを表したグラフ）だけを使って売買しろ！」「人に頼って楽をして大きく儲けようとするな！」「自分自身の力で一生懸命汗水たらして努力し稼ごうとしろ！」

これらを忠実に守ると、株の売買成績が格段に上がります。

これが「個人投資家はどうすれば株で勝てるようになるのか？」という問いに対して、長年試行錯誤し、日々研究した結果の末、たどり着いた私の結論です。

私は少額資金しか持たない株のプロ個人トレーダーですが、と同時に「株の塾」を運営しています。その塾では、「個人投資家」に、独自に編み出した富田流売買法を伝授しています。その中で、「個人投資家が勝つためにはどうすればいいのか」がわかりました。

書店に並んでいる巷の一般的な「株の儲け本」は、「誰でも、簡単に、楽して、高い勝率で、大きく、儲ける法」というように、謳っています。しかし、実際は、個人投資家レベルの人間が簡単に大儲けできるほど株の世界は甘いものではないのです。

私自身が実際の株式相場で、極めて泥臭く、まじめに一生懸命取り組んできて、ようやく稼ぐことができた経験からもそう思います。ですので、少額資金しか持たない普通の個人投資家が株で勝つためには、**まずは「コツコツ継続的に努力して一生懸命稼がなくてはならない」**という考えを持つのです。そして、その考えを持ちつつ、**日々上に行くのか下に行くのかわからない不安定に動いているように見える株価の動きに注目し、株価チャートを有効に使う**のです。

この考え方は間違っていませんでした。

塾生達が、「株で楽して儲けるのではなく、一生懸命稼ぐのだ」という意識を持ち、株価チャートを有効に使い、稼いでいくのです。凄腕のプロ連中がシノギを削る株式市場でうまく立ち回るのです。一切のニュースや媒体をシャットアウトし、株価チャートだけを観て売買するのです。

この方法で塾生達は、株で大負けをしなくなり、利益が出せるようになったのです。


あなたもそのようになりたいですか？　もちろん、なりたいですね。


「自分には無理だよ。プロ個人トレーダーになんて」「株で稼ぐようなノウハウがない。大した資格や能力もない。たくさんのお金もない。」そのように思ったとしたら、認識が間違っています。

私に言わせれば、**ほとんどすべての人がプロ個人トレーダーになれる能力を持っています。**

その理由は、本書で詳しく解説していきます。

あなたが乗り越えるべきハードルは「株で稼ぐためにどう考えればいいのか？」まず、その「考え方」を得ること。そして、その「考え方」を使って、「どのようにチャートを観ていくのか？」

この2つをクリアすれば、あなたもプロ個人トレーダーになれるのです。

何もないただの丸坊主のおじさんである私も、プロ個人トレーダーに転身できた一人です。

十数年前にはじめた「株の売買を教える塾」ですが、おかげさまで生徒数は2000名を超え、今では全国十数カ所を拠点とする日本最大級の校数を持つ株の学びの場所となりました。

「株で稼ぎたい！　ならば、冨田塾にご入塾ください」と言いたいところですが、当塾はかぎられた場所にしかないので、それら以外の地域の方々のご参加は非常に難しいというのが実情です。

そこで、遠方の皆さんにも冨田流売買法を使ってちゃんとやればできるんだということを伝えたい。その想いを込めて、今回この本を書くことにしました。

本書は主に株をこれからはじめようとしている投資家予備軍の方を対象として書かれていますが、株の売買経験はあるけれど、どうしても勝てない個人投資家の方にも十分満足できる内容です。一人でも多くの方にこの売買法を取り入れてもらい、「個人投資家」の売買力向上へ寄与し、「プロ個人トレーダー」になってもらえれば幸いです。

「個人投資家とプロ個人トレーダー、いったい何がどう違うの？」

その違いがわかれば、あなたはもう勝ち組です！

本書を読み終えるころには、その違いがわかるでしょう。

冨田晃右

目次

第2章 チェックシートを使用する前に読む注意事項

第3章 稼げるチャートの観方

第4章
3ステップで株のトレードを実践！❶
ステップ❶ シナリオチェック

第5章

3ステップで株のトレードを実践！❷ ステップ② 実践相場チェック

第6章

3ステップで株のトレードを実践！❸
ステップ③ 購入後チェック

第1章

資金50万円あれば、株のトレードで月5万円を「稼げる」理由

STEP 01

魔法の法則「2・1・3トレード法」

⚠〝はじめてのトレード〟の不安を解消するプログラム

この本は、株のトレード経験がゼロの人 ステータス❶ を対象にしています（図❶参照）。

株を1度でも買ったことがある人は、株を買ってから売るまでの一連の流れが何となく理解できているかと思います。

逆に、まったく経験のない人は、恐れる心配の必要がないことにまで不安を感じたり、迷ったりしていることが多いと思います。

誰でもはじめて経験することには、不安を感じたり戸惑うことが多々あります。

そんな中、多くの人は、はじめて経験することを乗り越えて、今現在に至っています。

なぜだかわかるでしょうか？

たとえば、あなたが車の免許を持っていないときに、自動車教習所に通い、車が乗れるようになるのをイメージしてください。乗れるか乗れないか、その不安を「最初の段階ではAを学ぶ」「次の段階ではBを学ぶ」という自動車教習所の一連のプログラムがあったから乗り越えられたのです。

もちろん、個人差があるので、同じことをやっていても人によって得られる成果にはどうしても差があります。しかし差があったとしても、**一連のプログラムに沿って学習し経験訓練を積み重ねることで、確実にある一定の成果が得られます。**

つまり、自動車教習所に通えば「車の運転ができるようになる」ということです。

この本も同じです。この本は株で稼げるように

■ 2・1・3トレード法（2ステータス・1ステージ・3ステップ）

図❶

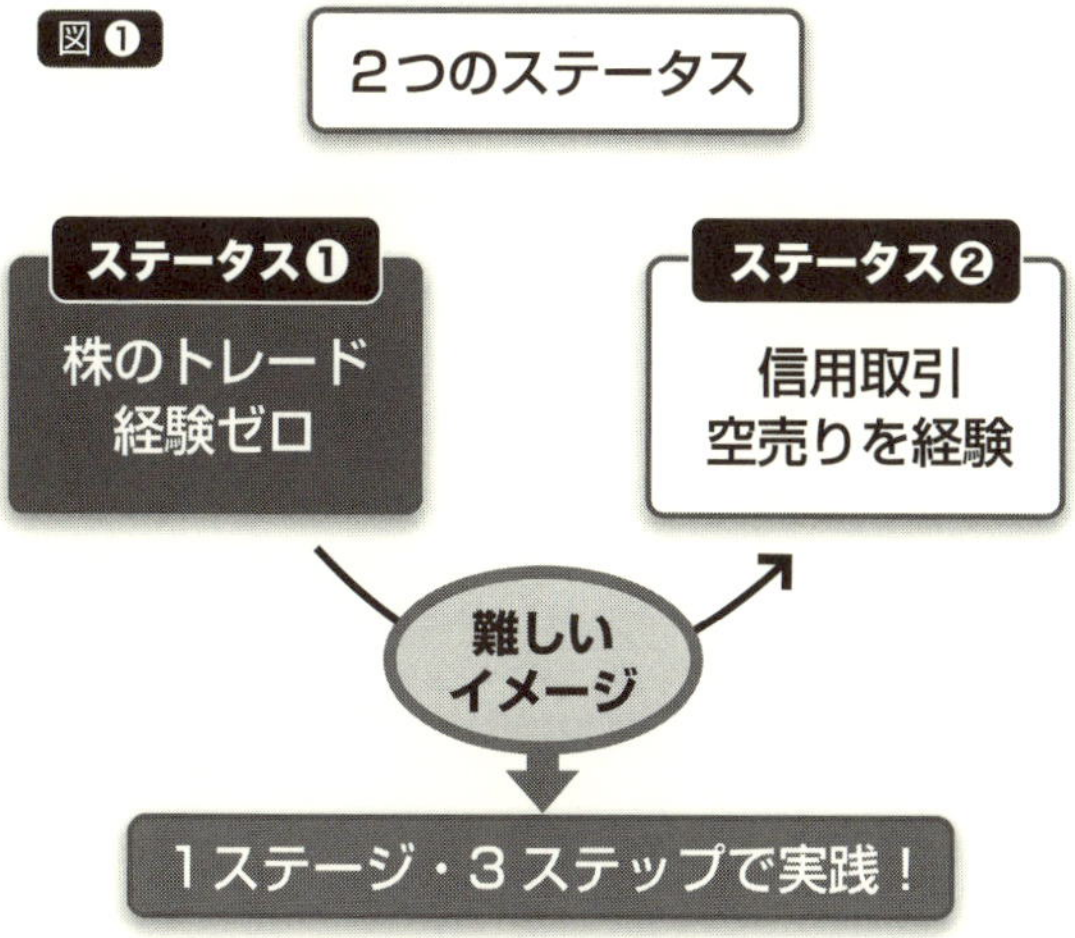

※ 次ページから詳細解説します。

なるための本です。この本に書いてある株のトレードの一連のプログラムのステップに沿って実践していくことで、ある一定の成果（月5万円程度稼ぐ）が得られるように組み立てられています。

もちろん必ずとは言いませんし、株のトレードの世界に絶対はありません。

しかし一連のプログラムに沿って実践することで、ある一定の成果が得られやすく、かつリスクを減らすことができます。

ここでは3つのステップを通して、株の取引ができるようになります。

■ 3つのステップ

図❷

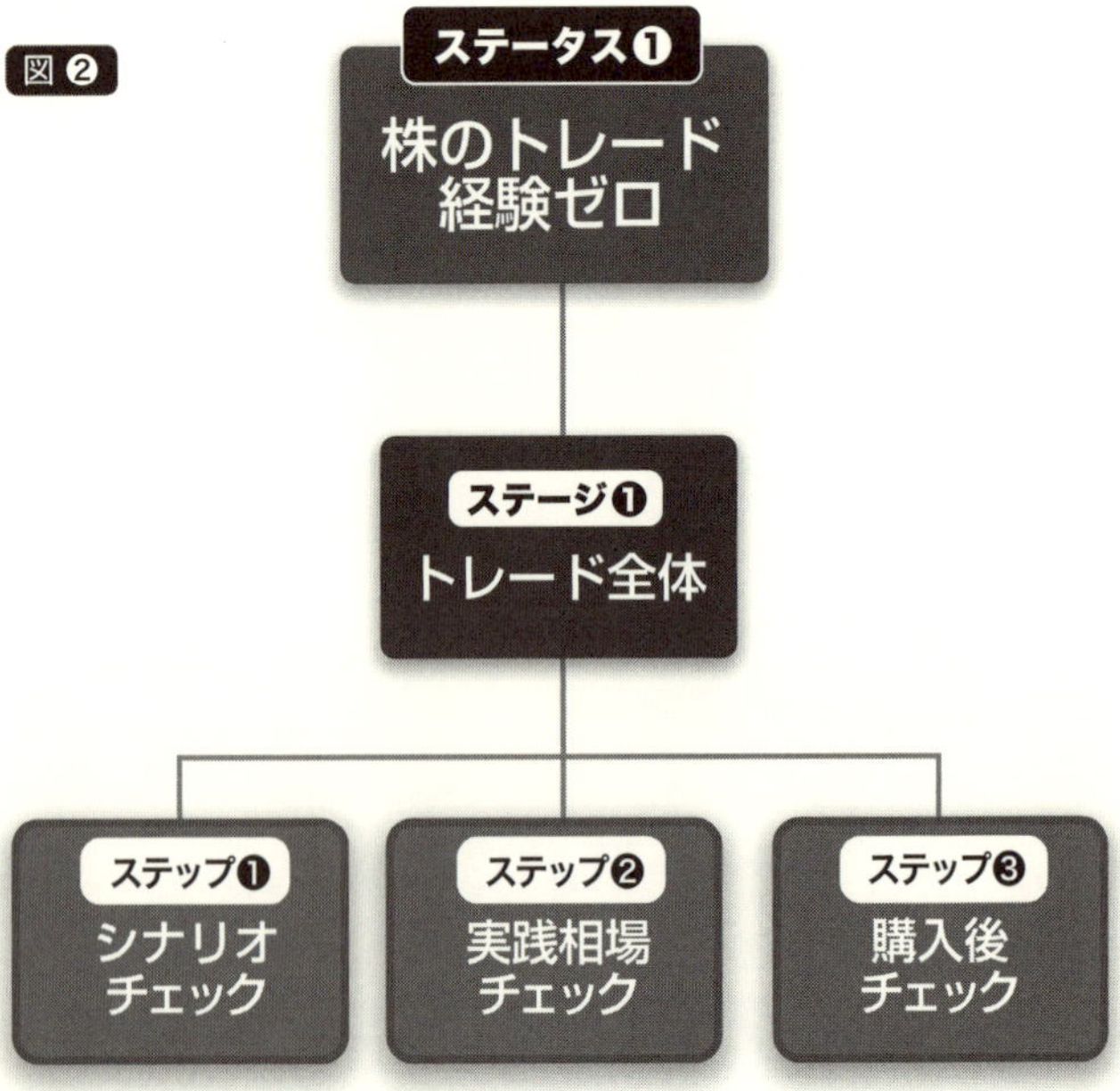

株を売買する際のステージ

ステージ①　トレード全体

まずあなたが取り組むべきは、この「**ステージ①　トレード全体**」になります。

株のトレードにおいては、最初の一歩をクリアすることが1番難しいと感じるかもしれません。

株を買うときの最初の一歩はここ（図②参照）

ステータス①　株のトレード経験ゼロ
ステージ①　トレード全体

これは株のトレード自体が難しいのではなく、最初に説明したように、「はじめて経験すること」だから難しく感じるだけです。この**ステータス①**の**ステージ①**をクリアした人は、必ずといっていいほど株のトレードの面白さを実感できるはずです。

という私も、はじめて株を買おうとしたときは、株を買うまでがとても不安でしたが、1度買ってからは病みつきになりました。

ここさえクリアすれば、あとは日々、株のトレードを繰り返し続けるだけです。あとは空売りを経験すれば、株のトレードに関してすべて網羅しているといっても過言ではありません。

この ステージ❶ をできるだけ早く卒業し、 ステータス❷ へと進みましょう。本書を読み進めながら株のトレードを実践すれば、あっという間に ステージ❶ は乗り越えられるはずです。なお、 ステータス❷ の信用取引を使っての空売りは第7章で一部お話しします。

3つのステップとは？　トレード完了までひととおりをマスターする

実際に株を買ったことのない人が実践することは、3ステップあります。

株を買ったことのない人が実践する3つのステップ

ステップ❶ シナリオチェック
ステップ❷ 実践相場チェック
ステップ❸ 購入後チェック

ステップ❶ シナリオチェック：実際のトレードをする前に売買予定のシナリオをチェックします。

株というと、あなたの生活の中でも、おそらく高額かつ価格の変動の大きい買い物でしょう。上がっても下がってもハラハラドキドキするはずです。失敗すると損失の額も小さくないので、そうならないように可能なかぎり実際のトレードをする前に売買シナリオをつくって、しっかりチェックします。

ステップ❷ 実践相場チェック：株式市場で実際に売買する際のチェックです。株式相場は、経済そのものと同じで、生きています。仮に、あなたが価値のある書画骨董品を買いたいと思い、「書画骨董品の見分け方」という本を読んだとします。そして骨董品の壺や掛け軸を見たことのない状態で骨董品屋に出向き、「高価な壺や掛け軸をダマされ

3つのステップ

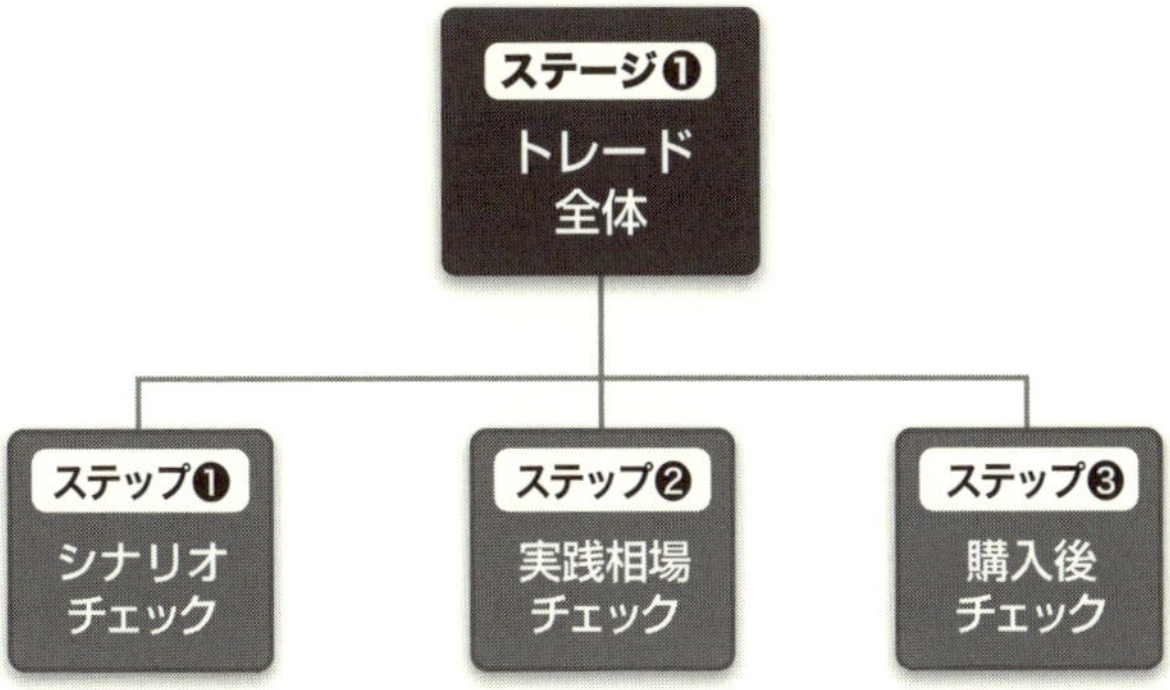

ないように買いたい」と思っていくら意気込んでも無理です。売り手にダマされてニセモノをつかまされるか、本物を高くつかまされるのが落ちです。

これと同じで、**株を買うときにも、ダマされないように「シナリオチェック」と「実践相場チェック」の両方を加味しながら、実践相場で通用するトレード力を身につけていきます。**

ステップ③ **購入後チェック**：株のトレードというものは、株を買ったあとに売って、はじめて完結になります。売るタイミングや売ったあとにしなければならないことなど、ポイントを絞って解説していきます。購入後の動きを理解することで、不安やストレスから解放されて、トレード自体の実力が早く効果的に身につきます。

⚠ 3つのチェックとは？

各ステップごとに、実践すべきことをチェック方式で行っていきます。たとえば第4章でお話する**ステップ①** **シナリオチェック**における3つのチェックを見てみましょう。

ステップ❶で実践する3つのチェック

チェック❶ 全体の流れを把握
チェック❷ 銘柄チェック
チェック❸ 利益確定と撤退のチェック

チェック❶ 全体の流れを把握：初心者と経験者の大きな違いは、「この先の流れがどうなるかわかっているかどうか」だと思います。初心者の人は、次に何をするのかがわからないので、余計な神経を使ったりストレスを抱えてしまいます。これからあなたが株のトレードをしていく中では、今まで経験したことがないほどの大きな値動きの中で、売買判断をしていくことになります。

そんな中、なるべくストレスを抱えないために、最初に全体の流れを把握しておきます。

3つのチェック

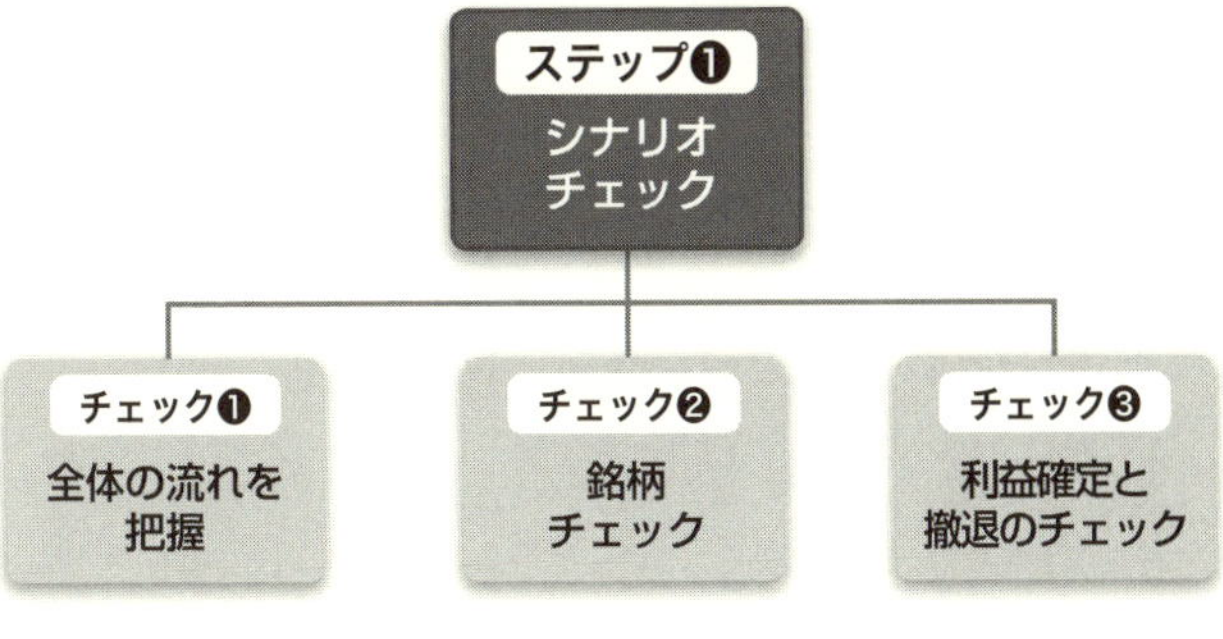

全体を把握してから、各工程のチェック作業を行っていくことで、次に何を行うのか、何をすべきなのか、逆に何をしてはいけないのかといった「心構え」ができ、効率よくトレードを進めることができます。

チェック❷ 銘柄チェック：これは、銘柄の「探し方」についてです。

主にインターネットを使いながら、どこをポイントにして銘柄探しをしていくのか、具体的にチャートを観ながら、銘柄探しのコツをお話していきます。

探し方のポイントを押さえることで、数多くの銘柄をスピーディーに検討することができます。

チェック❸ 利益確定と撤退のチェック：テンプレートを使いながら、探し出した銘柄の利益確定と撤退箇所のチェックを行っていきます。**株のトレードの目的は、利益を得ること**です。どんなに有名な企業の株や優良企業の株であっても、最終的にあなたの手元に利益が残らない銘柄であれば、トレードをする意味がありません。第4章では、利益確定と撤退を確認できるチェックシートを用意しているので、しっかり確認作業ができるようになっています。

STEP
02

なぜあなたは株で成功できるのか？

⚠ほとんどの個人投資家は負けるべくして負けている

あなたは、これから株をはじめるにあたって、希望に満ちあふれ、最終的には大儲けをして、大金持ちになっているイメージを持っているかと思います。でも、株の世界はそんなに甘いものではありません。

あなたが株式市場で普通に株を買えば、大儲けできるどころか十中八九、損をしてしまいます。それは、何もあなたが悪いのではありません。それは、**あなたが「負け組になるように」しくまれているから**です。

⚠ 株式相場にはびこる「ダマシのしくみ」

株での利益の出し方は、実はとても単純で簡単です。それは、**安いところで買って高いところで売ればいい**のです（❶）。

また、**上がるときに買って下がるときに売ればいい**のです（❷）。

そうすれば、利益が出ます。

逆に、**高いところで買って安いところで売れば損をします**（❸）。

また、**下がるときに買えば損をします**（❹）。

■ 株で利益が出るしくみ ①

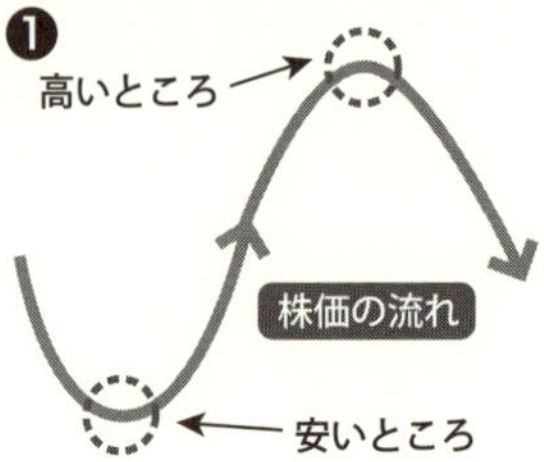

■ 株で利益が出るしくみ ②

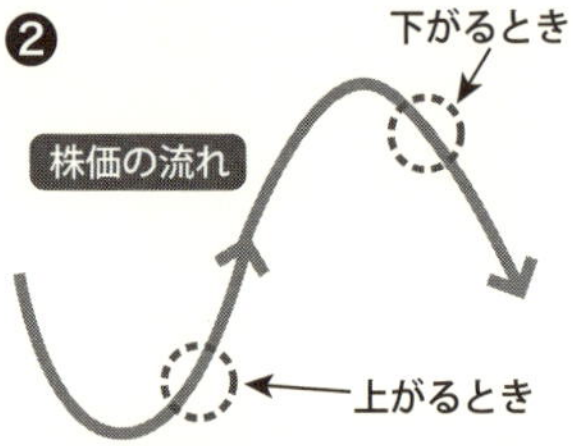

■ 株で損失が出るしくみ ①

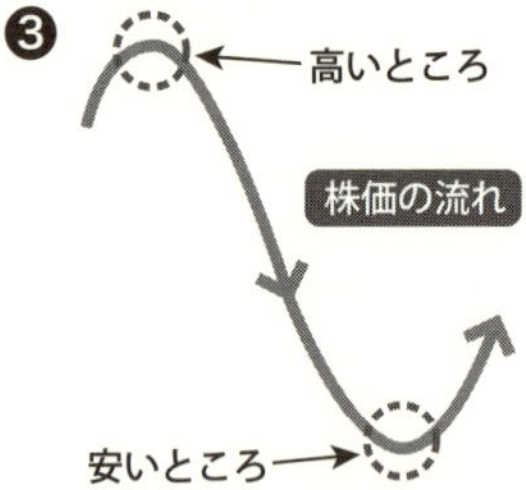

■ 株で損失が出るしくみ ②

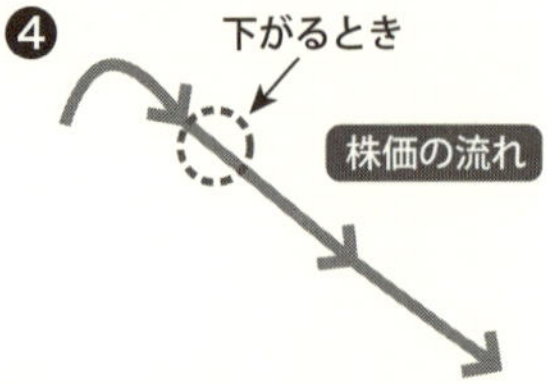

これ、あたりまえのことですね。しかし、そんなことはわかっていても、個人投資家はどうしても安いところではなく、高いところで買ってしまったり、下がるときに買ってしまうのです。

では、なぜ、このようなことになってしまうのでしょうか？

株式相場にはお金を得ようとしている人がたくさんうごめいていて、ありとあらゆるいろいろな手段を用いてお金を得ようとしてきます。恐ろしいことに、その手段は合法なものだけとはかぎりません。違法なものやグレーなものまでさまざまです。その中にど素人である個人投資家が飛び込んだら、いともたやすくダマされてしまうのは当然といえば当然です。こういった**ダマシのプロが利益を得ようと日々たくらんでいるので、個人投資家は高いところで買わされたり、下がるときに買わされたりしてしまう**のです。

⚠ 株には買われる順番がある

株価は、一見、不規則に上がったり下がったりしているように見えますが、実はそうではありません。株には買われる順番があります。信じられないかもしれませんが、この**上げ下げは多くの場合、意図的につくり出されているもの**なのです。

「意図的につくり出される？」
「そんなことできるの？」
という声が聞こえてきそうですが……もちろんできます。では、その意図的につくり出されるしくみを見ていきましょう。

❶ 世間に知れ渡っていない情報を得るプロの投資家の買い

まず、株価は高いところから下がってきて、あるところで下げ止まります。そこから再び上がっていくことになります。ここが、あなたが1番買いたいと考えているポイントですね。私自身も買いたいと考えています。

ここでは「世間に知れ渡っていない情報を得るプロの投資家（機関投資家や外国人投資家、ファンド、仕手筋といった多くの資金を持ったプロたち）」が買います。

では、彼らはどういう理由で買うのでしょうか？

☑ 有料で情報を買う

多くの資金を持ったプロの投資家は、個人投資家には想像もできないくらいの潤沢な資金を持っているので、「今後上がりそうな有望な株は何なのか？」といったとてつもない高額な有料情報を、資金力にものをいわせて買います。

そして、その有力な情報をもとに上がりそうな有望株をせっせと買っていくのです。

☑情報調査部門で調べる

潤沢な資金を持ったプロの投資家は一個人ではなく、大人数を抱えた投資団体や投資法人などの中にある情報調査部門で、しかも、個人投資家レベルの知識や頭脳ではなく、明らかに知識量が多く頭脳明晰です。

そういった彼らが「今後上がりそうな有望な株が何なのか？」を調べます。

たとえば、上場企業のトップや重要な人物に会って取材をしたり、経済指標を分析して今後の経済の先行きを調べたり……あの手この手で情報収集したり、分析したりします。

これらの活動や行動を、あなたひとりでできるでしょうか？

■ 世間に知れ渡っていない情報を得る投資家とは?

機関投資家	証券投資を本業としている組織的な投資集団。生命保険会社、損害保険会社、銀行、証券会社、投資信託会社、ヘッジファンド etc.
外国人投資家	外国籍の投資家。基本的に法人で機関投資家
仕手筋	巨額の投資資金を武器に、ある銘柄の価格や売買高を意図的に操作して利益を得ようとする投資家

できませんね。

一個人投資家には到底真似のできないことです。しかし、こういったことを多くの資金を持ったプロはやっているのです。

❷プロの個人トレーダーの買い

「世間に知れ渡っていない情報を得る投資家」の次に買うのが「プロの個人トレーダー」です。

では、プロの個人トレーダーは、どういう理由で買うのでしょうか？

それは機関投資家など、多くの資金を持っているプロの投資家の動きを察知して買います。彼らがある銘柄を潤沢な資金で買っていけば、株価は上がってきます。

今まで下がっていた株や動かなかった株が上がりはじめるのです。

■ 個人投資家が買うのはココ!

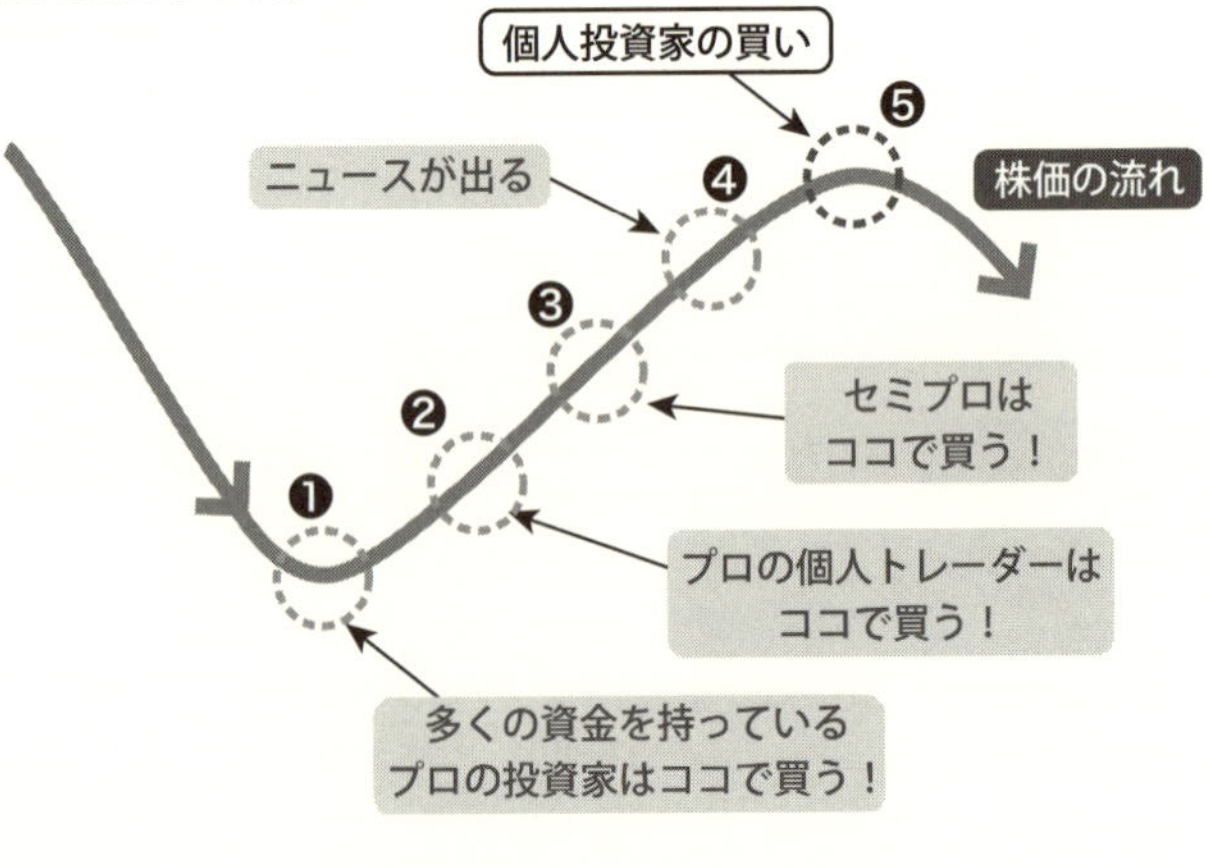

そうです！　ココなのです！　私が買うのは！

では、**なぜ機関投資家などの多くの資金を持ったプロの動きを察知できるのでしょうか？**

これについては、第2章でお話しします。

❸ セミプロの買い

そして、**「プロの個人トレーダー」が買ったあと「セミプロ」が、まだまだ上昇すると見込んで追随して買ってきます。**

❹ ココでニュースが出る

まさに、このときです。このあたりで「ニュース」が出ます！

どのようなニュースが出てくるのかというと、いろいろな株の雑誌や経済情報誌、週刊誌に至るまで、**「セミプロまで買われてきた銘柄」が掲載**されます。要は、上昇してきた銘柄が掲載されるということです。

「今年期待できる有望株ベスト3」とか「袋とじ！　厳選銘柄！」といったように「まさに今買わなかったらもったいない、今買いなさい！」というように煽《あお》った謳い文句で銘柄が公表されます。

また、その銘柄の会社の社長や主要人物がテレビに頻繁に出演したり、物をつくっている企業であれば、テレビCMで、その商品が宣伝されたり、いろいろ露出が多くなってきて、マスコミに取りあげられたりしながら世間をにぎわしてきます。

世間では「今が旬の……」「今話題の……」となる段階です。

❺個人投資家はココで買う

ニュースで銘柄が騒がれると、個人投資家であるあなたはどのような行動に出るでしょうか？

「それだけ有望な株で、世間でウワサになっているのであれば、これからどんどん上がっていくだろう」「それなら、この株を買ってみよう！」「よし、ひと儲けしてやろう！」と考えるはずです。

はい、ココで買うのが個人投資家なのです。

別に買うこと自体は間違っていませんし、悪いことでもありません。

ただし、ココから株が上がっていくのであれば……ですね。

では、どうでしょう、ココからどのくらい上がっていくのでしょうか。よく考えてみてください。まず最初に、多くの資金を持ったプロが株を買いました。

その後、私も含めたプロの個人トレーダーが買いました。そして、ちょっと腕に自信のあるセミプロまでもが買いました。この段階で、プロ連中はみんな買い終えたということです。そしてその後、個人投資家であるあなたが買いました。

では、このあとに続いて買うのは誰でしょうか？

株というものは、現状の株価よりも高い株価で買ってもいいという人が増えて、どんどん買い上がっていけば上がるものです。しかし、**個人投資家が買ったときは、市場参加者のほとんどが買ってしまった状態なので、現状の株価よりも高い株価で買ってもいいという人がいない**のです。

⚠株には売られる順番がある

先ほど、「個人投資家が買ったときは、そのあと誰も買う人がいない」ということをお話ししました。では、そのあとはどうなっていくのでしょうか？

そうです。株価はもう上がっていかないのです。

❻ 世間に知れ渡っていない情報を得るプロの投資家の売り

ここまでの**株価上昇の流れは、資金を多く持ったプロにとって「想定内であり、いつものシナリオどおり」**です。

そして、「ココぞ」とばかりに個人投資家が買ってきたところに向けて、資金を多く持ったプロの投資家は、保有している大量の株を売ります。こうして、資金を多く持ったプロの投資家は、着実に利益を確保していきます。また、こうやって大量の株が売られると、株価は下がってきます。

❼ プロの個人トレーダーの売り

株価が下がりはじめたのを見て、「プロの個人トレーダー」が売ります。では、プロの個人トレーダーはどういう理由で売るのでしょうか？

これは買いの場合と同じで、潤沢な資金を持ったプロの投資家の動きを素早く察知して売り逃げるのです。多くの資金を持ったプロの投資家は大量に株を保有しているので、彼らが大量に売れば売るほど株価が動き、下がってきます。

そうです！　ココなのです！　私が売るのは！

買いのときと同様に、**なぜ機関投資家などの多くの資金を持ったプロの投資家の動きを察知できるのでしょうか？**

これについても、第2章でお話ししていきます。

❽セミプロの売り

そして、**「プロの個人トレーダー」が売ったあと「セミプロ」が、もっと下がると見込んで追随して売ってきます。**

このようにして、プロ連中は利益を確保していきます。

❾個人投資家の売りそびれ

では、このときの個人投資家はどうなっているのでしょうか？　利益を確保できたのでしょうか？　残念ながら**「もうすでに時遅し」**です。

■ 個人投資家の売りそびれ

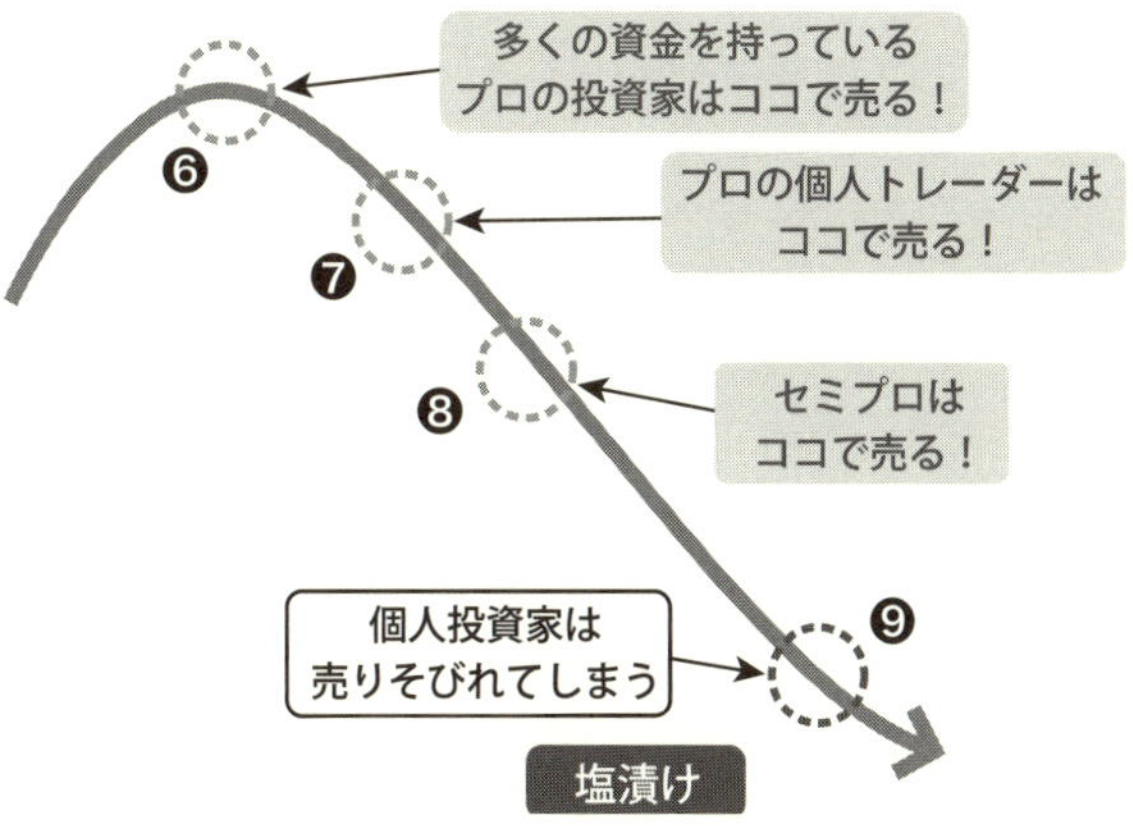

個人投資家は買値より下がってきた保有株を売ることができず、保有したままになってしまいます。この時点では、損が大きくなりすぎて売るに売れず、逃げることができず、売りそびれてしまった状態です。

そして、この状態で長期間放置してしまうことになります。この状態を「**塩漬け**」といいます。そうです、まるで漬物の塩漬けのように、株を長期間底で寝かせておくことになる状態のことをいいます。

こうして、個人投資家は損を抱えたまま株を売ることができなくなってしまいます。

そして、

「株は何やっても儲からない」

「株は危険だ」

「株には今後一切手を出すまい」

と思い、株でお金を得ることをあきらめてしまうのです。

⚠大口資金を持つプロの投資家が仕掛けた非情な罠

☑あなたは「何を判断基準として」株を買いますか？

個人投資家であるあなたが普通に日常生活を送り、普通に株式投資をしようとした場合、「何を判断基準として」株を買いますか？

それは、おそらく「ニュース」だと思います。

そのニュースというのは、テレビ、ラジオ、新聞、ネット情報、証券会社の営業マンなどです。

これらの「ニュース」ですが、先ほどの「株が買われる順番」のところでもお話ししましたが、一連のプロの投資家が買ってしまったあとに出ることが多いのです。といいますか、**資金を多く持ったプロの投資家が買い漁ったあとに意図的に「ニュース」を出すこともある**のです。

資金を多く持ったプロの投資家は、自分たちが保有する大量の株を売り抜けるために、ニュースを出したり出さなかったり、ときには角度を変えて何度も出したりしながら、ニュースを操作することもあります。

こうして、各所でその銘柄のニュースを見た個人投資家を翻弄させていき、資金力のあるプロの投資家は自分たちが保有する株を個人投資家に買わせようと、個人投資家を罠にはめていくのです。

☑ニュースと情報を履き違えると痛い目にあう

ところで、先ほどニュースは「一連のプロの投資家が買ってしまったあとに出ることが多い」といいました。

そうです。ニュースは、個人投資家に伝わるまでにかなりの時間がかかるものなのです。では、ニュースの対極にあるのは何なのでしょうか？　それは「情報」です。**情報は、プロの投資家が資金力にものをいわせて有料で得たり、頭脳明晰な人員が調査や分析をして得るもので、まだ世間には知れ渡っていないもの**です。

しかし個人投資家は、この「情報」と「ニュース」を履き違えています。

つまり、個人投資家が「ニュース」を入手したとき、いわゆる資金力のあるプロが得る「情報」と同じものが手に入ったと勘違いしてしまうのです。それゆえ、その公表されてしまったニュースに振り回されてしまいます。

たとえば、

「この会社はかなり業績がいいので」

「いい新製品が出たから売上アップが期待される」

「今話題の○○を販売している」

だから、その企業の株かそれに関連しているであろう企業の株が上がるかもしれないと、「ニュースの内容で判断して株を買う」のです。というよりは「**ニュースの内容に影響され、株を買わされてしまう**」のです。

⚠ 株式投資から株のトレードへの転換

個人投資家が勝ち組に入るためにはどうしたらいいのか？

ここまでは、個人投資家が株で損をする理由をお話してきました。

個人投資家が株で損をする理由を簡単に言えば、次の2つのポイントで買ってしまうからでした。

◉ニュースを目にしたとき、耳にしたとき
◉多くの資金を持ったプロが利益確保のため大量の株を売ったとき

では、個人投資家が勝ち組に入るためには、何をどうすればいいのでしょうか？ それは、**一般的な個人投資家が通常しているような常識的な投資行動や考え方をやめればいい**のです。具体的には、**ニュースの類を一切遮断してしまえばいい**のです。

☑テレビを見ない

あなたは普段からテレビを見すぎです。テレビを1日中まったく見ない日がありますか？

極端な言い方をすれば、ニュース、バラエティー、ドラマなど、テレビ番組のすべてが、資金力のあるプロの投資家にとって持っている株を売る絶好の材料になるのです。テレビで何か話題になると、それに関連した企業の株に買いが殺到します。そうなれば、その株が安いときに、もうすでに買っていた資金力のあるプロの投資家の利益確定の場になってしまいます。

このとき、日頃からテレビを見ていなければ、買いの行動を起こさないわけですから、資金を多く持ったプロの投資家の利益確定の場で買わなくてすむのです。

「テレビを見ないと、どんな株を買っていいのかわからない」

こういった**常識にとらわれた考えが個人投資家を損へと導いていきます。**

☑ラジオを聞かない

これもテレビと同じで、ラジオの内容も資金力のあるプロの投資家にとって持っている株を売る絶好の材料になるのです。

☑新聞を読まない

私の塾の生徒で「新聞を毎日隅から隅まで読んでいるおかげで、株で利益が出ています」という人を聞いたことがありません。逆に、「新聞をまったく読まなくても、株で利益が出ています」という人はいます。このように、新聞を読まなくても株で利益を出すことはできるのです。

ちなみに私は新聞を購読していません。

☑ネットで情報を漁らない

インターネット上のサイトによくあるのですが、**無料で濫立する儲け話や噂話は信憑性に乏し**

いということを覚えておいてください。

たとえば、株の情報サイトでは、いわゆる「煽《あお》り」といって、保有株をどうしても高値で売り抜けたい人や団体組織が買いを誘うような話題をわざと流したり、どうしても安値で買いたい人や団体組織が売りを誘うような話題をわざと流したりしています。

このようにして、売りや買いを「煽《あお》る」のです。

こういったネット上の「煽《あお》り」にだまされないためには、株の情報サイトをのぞかないことが1番です。

☑証券会社の営業マンの言うことを聞かない

これも私の塾の生徒に多いのですが、「証券会社の営業マンの言うことを聞いたおかげで、株で利益が出ています」という人を聞いたことがありません。逆に、「証券会社の営業マンとつきあうのをやめてからは、株で利益が出ています」という人はいます。

ちなみに私は証券会社の営業マンとおつきあいしたことがありません。

何はともあれ、まずはニュースの類を遮断してみることです。**ニュースの類を遮断しても、株**

で利益が出せている人がいるという事実を忘れないでください。

⚠ 株価チャートとは、大きな資金が動いた足跡

では、ニュースの類を遮断して、何も頼りにするものがない状態になったとき、個人投資家はいったい何を頼りにして、どう判断して株を買ったり売ったりしていけばいいのでしょうか？

個人投資家が頼りにするもの。それが「株価チャート」です。

株価チャートとは、「**過去の株価から現在の株価までの値動きを表したグラフ**」です。これを頼りに売買するのです。

では、なぜこれを頼りにするのでしょうか？　株価チャートに慣れてくると、多くの資金を持ったプロの投資家が、

「どこで買おうとしているのか」
「どこで買ったのか」
「どこで売ろうとしているのか」
「どこで売ったのか」

大筋が見えてくるからです。

私は株価チャートだけを頼りにして売買の判断をしています。なぜか？　それは「株価チャートが、多くの資金が動いた足跡」だからです。

⚠投資家になるな！　トレーダーになれ！

「株価チャートだけを頼りにして売買の判断をしている」というと、「情報」そのものを否定しているかのように聞こえますが、間違っても「情報」そのものを否定しているわけではありません。

「株の売買には、情報なんて役立たない」

「すべての情報は無視しろ」

と言っているのではありません。私が否定しているのは「ニュース」です。「資金力のあるプロの投資家が得る情報」はニュースとは異なり、まだ世間に漏れたり公表されたりしておらず、株価はまだ反応していないので、株を買うための判断材料としては非常に有効です。

もしこのような情報を入手できるのであれば、この情報がほしいですし、もし入手することが

できれば、あなたにもこの情報を知らせて、

「一緒に大儲け！」

したいところです。しかし、私は多くの資金を持ったプロの投資家ではなく、あなたと同じ一個人投資家だったので、「資金力のあるプロの投資家が得る情報」を手に入れることができなかったのです。手に入れることができたのは、ニュースとデマかウソ、ウワサ話くらいなのです。

「当てにならないものがほとんど」というのが現状です。

というわけで、あなたと同じ立場の一個人投資家でしかなかった私は、資金力のあるプロの投資家にはなれないと考え、ある決断をしました。

それは、投資家になることをやめました。

「投資家になることをやめた」

ということは、株をしなくなったということ？　いや、そうではなく、投資家をやめるといっても株自体をやめるわけではなく、株の売買自体は続けています。

私は**「投資家」をあきらめて「トレーダー」になった**のです。

では、投資家とトレーダー、何がどう違うのでしょうか？

トレーダーという言葉を日本語に置き換えると、単に「株の売買を行う人」となります。一方、

投資家という言葉を言い換えると「将来を見込んで金銭をつぎ込む人」となり、意味が異なってきます。

◉**トレーダー**：単に株の売買を行う人
◉**投資家**：将来を見込んで金銭をつぎ込む人

⚠「投資」と「投機」の違いを理解しておこう

実は、**「トレーダー」は「投機家」に近い**のです。では、投資と投機の違いについて見ていきましょう。

◉**投資**：中長期にわたって企業の成長や収益を期待して資本を投じることです。

企業が得る収益や企業の成長に期待しているので、投資先企業のビジネスモデルや経営方針、業界環境を分析し、将来、期待ができる企業であるかどうかを判断する必要があります。

いわば、今後よくなるであろう企業を見つけて、中長期的に見守り応援していく姿勢です。

◉ **投機**：チャンスをとらえた売買によって、収益を上げることで、短中長期的な収益の中でも、どちらかというと短期的な収益を期待しています。

株価は日々動いており、その値動きによる利ザヤ（短期的な価格の変動による利益）だけを期待しているため、投機先の企業分析は必要なく「これから先の価格がどう変動していくのか？」だけに注目すればいいのです。

いわば、その企業が、今後よくなろうが悪くなろうがどうでもよく、応援する姿勢ではなく、利益さえ確保できればいいという姿勢です。

投資と投機の違いを知っておこう

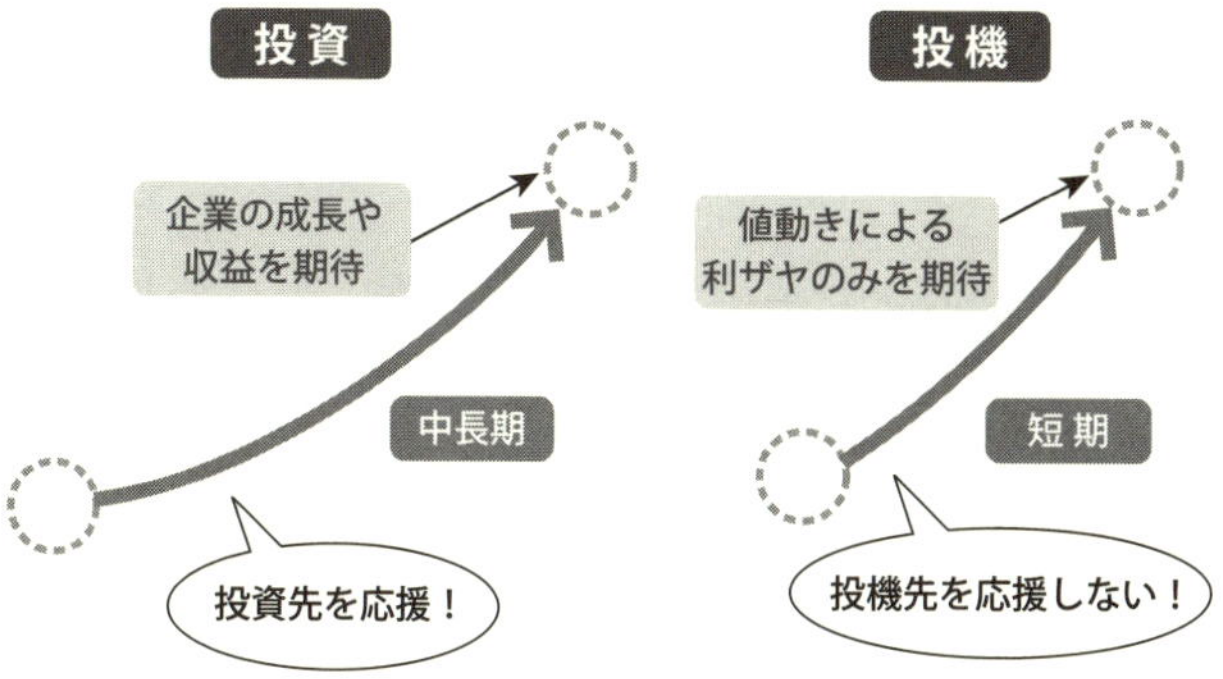

⚠ 株のトレードはやることがシンプル

今、個人投資家になろうとしているあなたは、**「投資家」になろうとするのではなく「トレーダー」になろうとしてください。**

あなたがトレーダーになろうとするのであれば、ある程度の勉強と訓練を積むことは大前提ですが、個人レベルでも十分「株で勝ち組に入る」ことができます。

という話をしても、この本を読んでいるあなたは、まだ疑っているかもしれません。

「投資家になるな、トレーダーになれ」といっても、株価の動きだけでどうやって判断して売買するのか？

株価の動きは、企業の業績や景気動向や政治経済情勢などと密接な関係があるので、いろいろな情報を収集して、しっかり分析しなければならないのではないか？

と考えるのが普通です。確かにそうですね。

株価というものは、「景気がよくて業績もよければ上がり、景気が悪くて業績も悪ければ下がる」ものだと一般的には考えられています。そこで、そんなあなたに私はこう質問します。

「では〝景気がよくて、業績がいいにも関わらず下がる株〟や〝景気が悪くて、業績が悪いにも関わらず上がる株〃もありますが、この現象はどうやって説明すればいいのでしょうか？」

⚠株式〝相場〟は株式〝市場〟と考えればカンタン！

この現象、説明できないですね。この現象を、私は次のように考えます。

> ・景気が悪くても、業績が悪くても、潤沢な資金を持っている人、もしくはたくさんの人がどんどん買えば、株価は上がります
>
> ・逆に、景気がよくても、業績がよくても、潤沢な資金を持っている人、もしくはたくさんの人がどんどん売れば、株価は下がります。

■景気とか企業の業績は株価に関係ない?

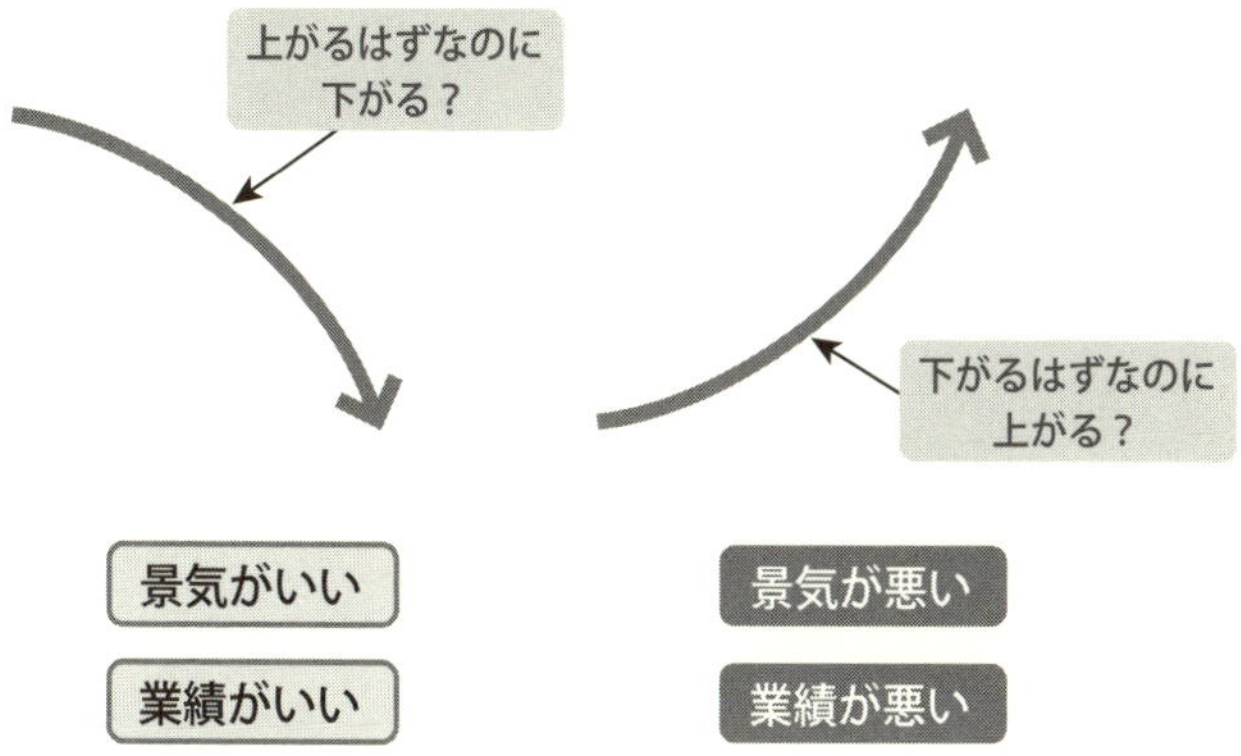

つまり、**株価は買いたい人と売りたい人の力関係、買いの需要と売りの供給の関係で動いている**のです。

「多くの資金を持たなくてもその株をほしいと思うたくさんの人や、たとえ少数でも多くの資金を持つ人が買えば株価は上がり、多くの資金を持たなくてもその株をほしくないと思うたくさんの人や、たとえ少数でも多くの資金を持つ人が売れば株価は下がる」ということなのです。

たとえば、人気アーティストのプラチナチケットや希少品のオークション、魚市場や青果市場の競り……どれも、品薄でみんなが欲しくなるものは高く、世の中に多く出回っていてみんなが欲しがらないものは安くなるのが市場原理です。

そうです。「**株式相場**」は「**株式市場**」なのです。

⚠ 個人トレーダーは潤沢な資金を持つプロの投資家を味方につければいい

■ 株価は市場の原理で上げ下げしている

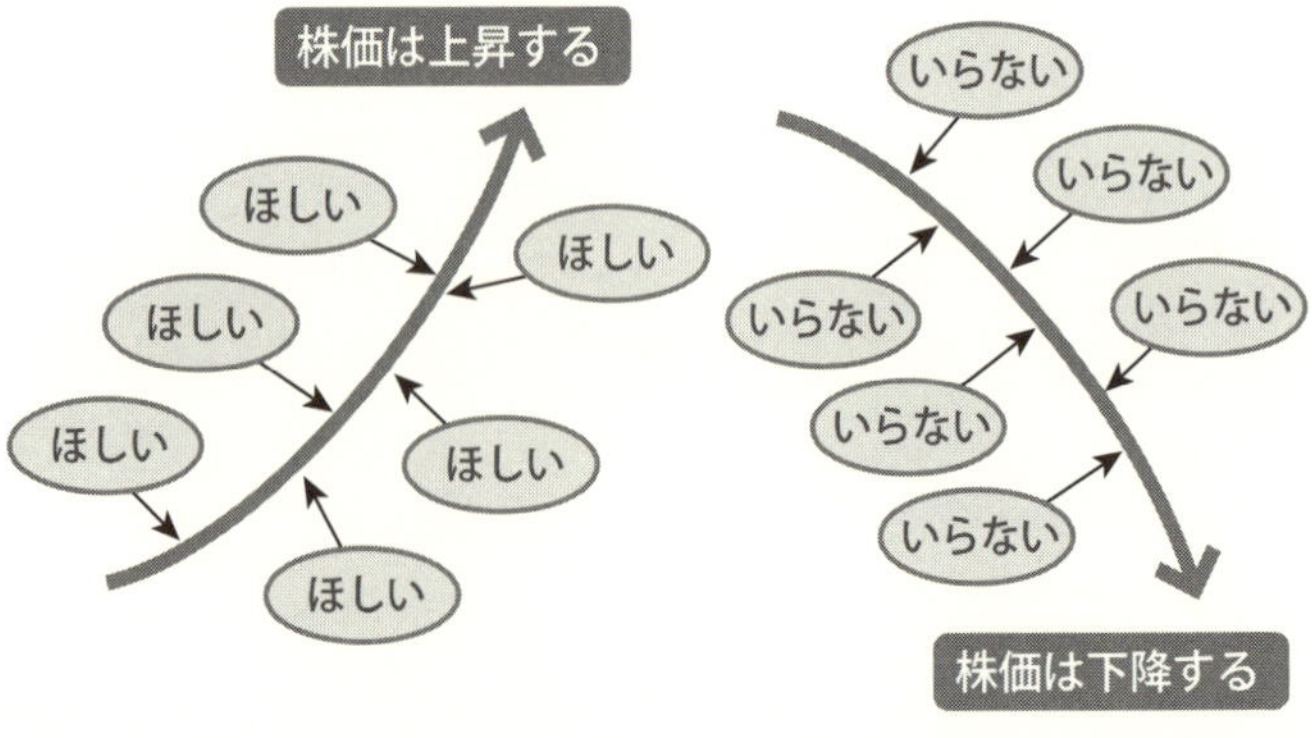

「個人投資家」は、潤沢な資金を持つプロの投資家になることはできないので、「個人トレーダー」になれとお話ししましたが、具体的にはどうすればいいのでしょうか？

答えはカンタンです。「**勝組である潤沢な資金を持つプロの投資家についていけばいい**」のです。

トレードは、テストのカンニングと同じ

「勝組である潤沢な資金を持つプロの投資家についていけばいい」これは、いったいどういう意味なのでしょうか？

あなたが学生時代に悩まされた学校のテストを思い出してみてください。テストが翌日に控えているのに、まったく何も勉強していない状態です。こんな状態で、明日１００点を取ることができるでしょうか？　あなたがよほど優秀であるならこの時点から勉強しても可能かもしれませんが、ほとんどの人は無理でしょう。私はもちろん無理です。

ただ、１００点を取る方法はあります。それは、「**カンニング**」です。

クラスの中には優秀な人がいて、その中に１００点を取ることのできる人がいるはずです。まず、その人を探し、なんとしてもその人の後ろの席や隣の席に座ることを考えます。そして、その席に座ることができたならしめたものです。その人の答案をのぞき込めばいいのです。

そうすれば、100点を取ることができます。

もちろん、テストでカンニングすることは違反行為なので絶対に許されません。しかしこの行為、株式市場であれば許されてしまうのです。

株式市場では、カンニングをしてもいいのです。

では、どのようにしてカンニングをするのでしょうか？　カンニングといっても、勝ち組である潤沢な資金を持つプロの投資家が、あなたのところへわざわざ電話をしてきて「この銘柄上がるから買いなさい」なんてこと、向こうからは絶対に教えてくれません。では、どうすればいいのでしょうか？　潤沢な資金を持つプロの投資家が、「どの銘柄を上がると判断したのか」「どの銘柄を下がると判断したのか」どうやって察知すればいいのでしょうか？

その察知するための道具が「株価チャート」です。

株価チャートを観て、勝ち組である潤沢な資金を持つプロの投資家がどこで買ってどこで売っているのかを「カンニング」するのです。

株価チャートを観れば、「上がる下がる」が見えてくるのです。

◉ トレードにおけるカンニング：「株価チャートを観る」こと！

⚠ 負け組個人投資家から勝ち組プロ個人トレーダーへ

ほとんどの負け組個人投資家は、株価チャートの観方がわかっていません。たとえ観方がわかっていても、株価チャートを使ってどうやって売買判断をするのかがわかっていません。また、株価チャートの使い方自体が間違っていることもたくさんあります。

もしあなたが、「そんなことはない、チャートぐらいは知っているよ」というのであれば、株でしっかり利益を出せているはずです。でも、利益を出せていないのが現状です。こうした現状を打破すべく、負け組個人投資家が勝ち組プロ個人トレーダーになるための株価チャートの観方、考え方をこのあとお話ししていきます。

☑ 個人投資家がダマされる3事例

次の3つのチャート事例は新聞の見出し記事が出たあとの株価の動きを表したものです。

いい見出しのあと、株価は下がっていく。悪い見出しのあと、株価は上がっていく。

見出し記事をそのまま真に受けていいニュースだから株を買い、悪いニュースだから株を売っているととんでもないことになってしまいます。これらはたまたまではなく、日常茶飯事に起こっており、個人投資家がダマされるほんの一例なのです。これらを紹介しておきます。

■ 伊藤園、49%減益（2014年12月2日）

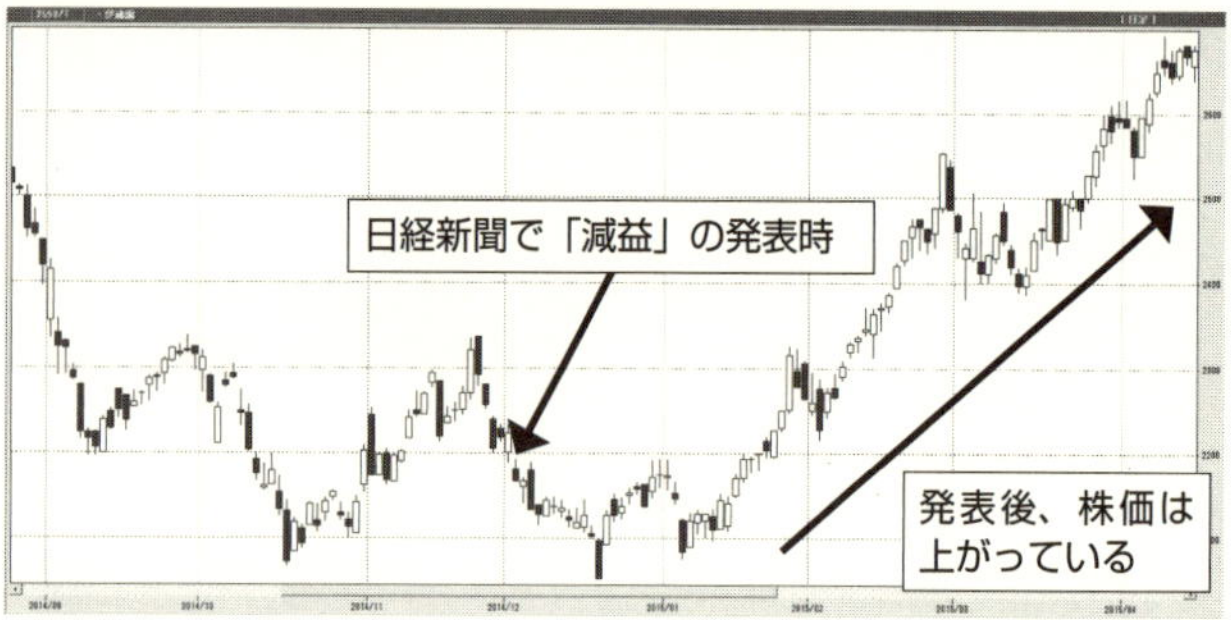

■ TDK、純利益2.3倍（2015年8月1日）

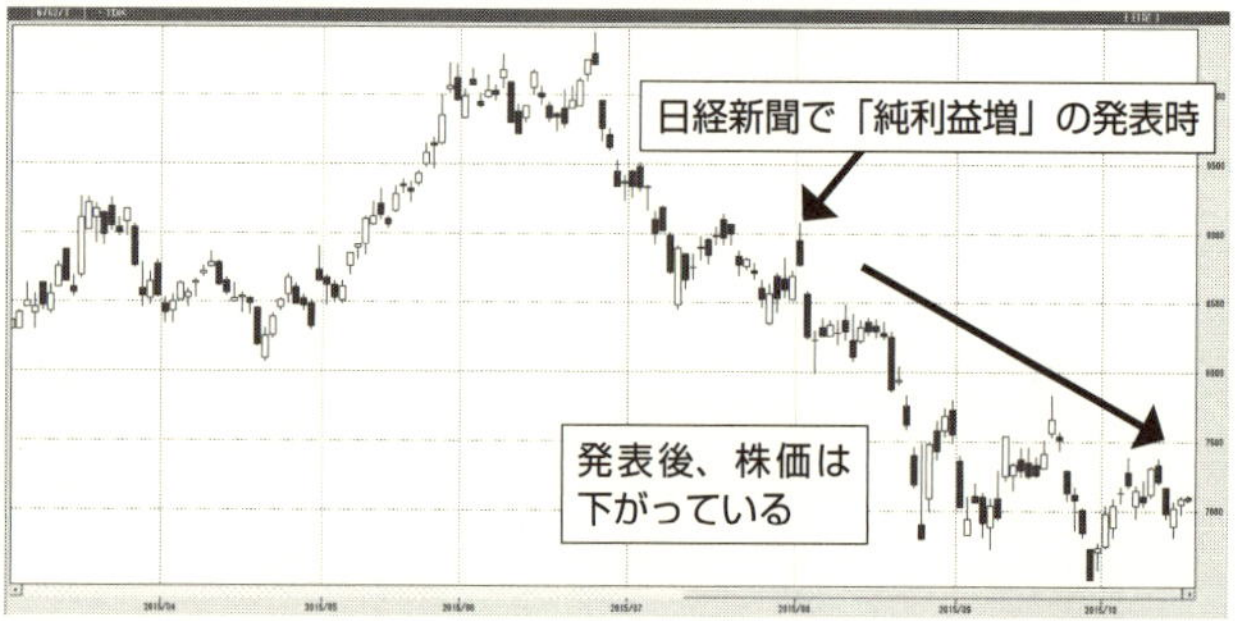

■ 三井化学、純利益85%増（2015年8月1日）

第2章

チェックシートを使用する前に読む注意事項

STEP
03

まずはリスクを減らすことを優先して、徐々にステップアップ

⚠「最小限のリスク」ではじめられるプログラム

この本は、株のトレードの経験や知識がまったくない人、もしくはかぎりなくゼロに近い人に向けて、できるだけ小さいリスクで、このとおりにやれば月に5～10万円程度稼ぐことができるような技術や考え方を網羅しています。

株のトレードにかぎらず、仕事やスポーツなどもそうですが、今のあなたの経験や知識がどのくらいのレベルで、そこからどのレベルを目指すのかによって、練習プログラムや練習方法が変わってきます。

経験や知識のない素人ほど、リスクをリスクと感じない傾向にあります。というのは、そもそも経験や知識がないので、リスクがある行為をしてもその行為自体がどこまで危険なのかの判断

がつかないからです。

たとえば、あなたが夏の海水浴場に小さな子どもと一緒に行くことを想像してみてください。何も知らない小さな子どもは、目の前に広がる海を見て、楽しさのあまりはしゃぐでしょう。いきなり海に飛び込み、沖へどんどん進んでいくでしょう。このような行動は、確実に危険であり、最悪の場合は死に至ることもあります。

しかし、大人であるあなたは、経験や知識があるので、このような危険なことはしないはずです。どうするかというと、まずはしっかり準備体操をして、体をほぐしたあと、下半身から徐々に水に慣らしていきます。そして足の届く範囲で泳ごうとし、足の届かないところでは、細心の注意を払って泳ぐはずです。

しかし、小さな子どもは経験や知識がないので大人のようにはできません。

このように、**経験や知識のない人は、「何が危険なのか？　何が安全なのか？」を判断することができない**のです。その結果、どのような状況になったとしても、「何とかなるだろう」と思ってしまうのです。

これは、株のトレードにおいても同じなのです。

プロのトレーダーからすれば「大損をする可能性のある非常に危険な行為でも、株のトレードの経験や知識がない人は「このくらい、なんとかなるだろう」と思ってしまうのです。

☑まずは最小限のリスクではじめる

本書で学ぶ株のトレードのプログラムは、リスクを目いっぱい取って、株のトレードで一気に大儲けができるようになる技術ではありません。海水浴の話でいうなら、大切な命を落とすことのないように、まずは海水浴を楽しむことができるようになる技術**「最小限のリスクで、株のトレードで月に5万〜10万円稼ぐことができるようになる技術」**を紹介します。

あなたが将来的に株で億万長者を目指すのであれ、億の資金を動かすデイトレーダーを目指すのであれ、何を目指すのであっても、最初に**あなたの中に「株で大損しないシステム」をつくる**ようにします。

その次に**「株で利益が出るシステム」**をつくっていきます。そのうちに、株のトレードで月に5万〜10万円稼ぐことができるようになった人は、さらなる高み（月数十万円〜数百万円）を目指し、億万長者や億の資金を動かすデイトレーダーになるという大きな夢をかなえてください。

⚠株のトレード専用ノートに目標を書こう！

私がトレード技術を開発していた初期のころは、自分のトレードの収支計算や目標と目標を達成するための行動、いいチャートの形をした銘柄をノートに記入していました。これらを記入した「株のトレード専用ノート」を常に持ち歩き、暇を見つけては見たり、必要があれば書き加えたりしていました。

この**「紙に書く」**という行為は、あなたが何かの目標を達成するにあたり、非常に大きな効果を発揮します。さらにお勧めなのは、その**紙に書いた目標を毎日毎日読む**のです。「紙に書く」とどうなるかというと、頭の中に存在はしていても、どこかに隠れていて整理されていない漠然としたものを引き出して、整理し顕在化してくれます。**書くことで、まずは顕在化するだけでも大きな前進**です。加えて、自分で書いたものを「見る」ことによって、目に訴えます。できれば、「声を出して読む」ようにすれば、耳にも訴えます。

このように、**自分で書いて、見て、言葉に出して、聞くことで、自分で自分を洗脳していく**のです。

「洗脳」というと、悪いイメージを持ってしまいがちですが、決してそうではありません。ここでいう「洗脳」は、いい習慣や行動を身につけるための洗脳で、いい習慣や行動はどんどん自分自身を洗脳していくのです。

かく言う私も自分自身で日々洗脳し続けています。もうひとりの自分がもうひとりの自分を洗脳していくのです。

では、実際にノートに目標を書いていきましょう。

目標を達成するためにノートに書く項目

❶目標のタイトル：「私は、株のトレードで月に10万円稼ぐ」
❷目標達成期限：「私は○○年○月○日までに、株のトレードで月に10万円稼ぐ」
❸目標達成のための行動：「私は、株のトレードで月に10万円稼ぐ。そのために○○をやる」

たった3つ？　そうです。たった3つです。

あなたの中には、やりたいことや達成したいことが数多くあるとは思いますが、一度にたくさんのことをやろうとしても長続きしません。

逆に、たったひとつであっても「私は、株のトレードで月に100万円稼ぐ」といったいきなりレベルの高いことを目標にしては、初心者であるあなたには到底達成できません。たった3項目。しかも、実現可能な目標です。

では、実践です。

☑今からこの3つをあなたのノートに書いてみてください。

書いたでしょうか？　書いてないでしょ！

私にはわかります。ほとんどの人は書かないですね。読んで終わりにしてしまいます。

まあ、それが普通なので、書かなくても大丈夫です。あなたが普通の人なら……。

では、あなたは、普通でいいのでしょうか？　普通ではいけません。これから株で稼ごうとしていく人です。そして、この本から何がしかの技術や考え方を得ようとしているわけですから、本に書いてあることを素直に実行してください！

この本をサラッと流して読んで終わってしまうのなら、普通の人で終わってしまいます。流し読みは時間の無駄になるので、ゆっくりでかまわないので本気で読み込んでください。

⚠トレード日記をつけよう！

あなたは日常生活の中で、「日記」をつけていますか？　まあ、おそらくほとんどの人がつけていないと思います。興味がないとか、面倒くさいですからね。

しかし、日常のトレード生活の中では、「トレード日記」をつけるようにしてください。日記といっても多くのことを詳細に書く必要はありません。何も難しいことを考えることはなく、あなたの日々のトレード状況を簡単に書くだけでいいのです。

■トレード日記に書く4つの項目

❶なぜ、この銘柄を仕掛けたのか
❷目標利益、撤退ラインはいくらなのか
❸勝因、敗因は何なのか（負けた場合は反省点は何なのか）
❹今後の対応策、課題、目標

ただ、これらをあまりにもきっちり詳細に書こうとすると、途中で書けなくなったり、長続きしなくなったりするので、多少の不備があっても気にせず、とにかくトレードをした日には書くようにして、続けていくことです。

続けていくとどうなるか？
あなたの株のトレードの悪い癖や欠点、弱点が一目瞭然になる

この日記を、機会があるごとに見返してください。そうすることで、トレード日記をつけない場合よりも、早い段階で悪い癖が改善され、欠点や弱点がなくなり、株のトレード技術が早く向上して、真の「稼ぐ力」が身につきます。

⚠自己満足、趣味、楽しみ、娯楽、ボケ防止に走ってはいけない

あなたは、目標をノートに書き、それを見て読んで、自分自身をいい方向へ洗脳しながら、株のトレードをした日は日記も書き、日々のトレードの悪い癖や欠点や弱点をなくしながら、日々トレードを進めていきます。

こうして、**具体的な行動を取ったあなたは、大きな夢に向かって走りはじめた人**です。

ただ、目標への大きな一歩を踏み出したうれしさや楽しさのあまり、「株で稼ぐ」という本来の目的を見失ってしまう人が出てきます。

たとえば、日々の株価は乱高下しているので、その値動きを利益にしようとやみくもに売買を繰り返したりして、競馬やパチンコのように、ついうっかりギャンブル的な楽しさやスリルを優先させてしまう人です。

株のトレードが趣味や自己満足、娯楽になってしまっては元も子もありません。

また、年配の人に多いのですが、「年齢を重ねると、ボケるので」ということで、株をやれば頭を使い、ボケなくなるからと、ボケ防止として取り組む人も非常に多くいます。

しかし、これらの行動や考え方は大間違いです！　これらの行動や考え方は絶対にしてはいけません！　甘いです！　株式相場をなめています！

なぜかといえば、これらの行動や考え方で株式相場に参加した途端に、あなたの証券口座からは資金がみるみるなくなって、あっという間に吹っ飛んでしまうからです。

たくさんの**プロの投資家連中が日々ひしめきあい、しのぎを削っている株式市場に、こんな甘い行動や考え方で参入すれば、一気にあなたのお金は奪い取られてしまう**でしょう。

これは、まさにピラニアがうじゃうじゃ生息しているアマゾン川に、血まみれになったあなたの手を突っ込む行為と同じです。一気にピラニアの群れにたかられ、手をむしり取られるでしょう。この「血まみれの手を突っ込む人」にあたるのが、株式市場でいうところの「自己満足、趣味、楽しみ、娯楽、ボケ防止を目的とした人」なのです。そして、ピラニアの群れが「プロの投資家連中」なのです。

ですから、「株のトレード」を資金を増やすためにやるのなら、その目標だけに向かって取り組まなくては歯が立たないのも当然です。

◉最優先事項は、目標を「資金を増やす」に設定すること

STEP
04
資金力のあるプロの動きを見逃すな

⚠資金力のあるプロの投資家の動きにあわせていけば勝てる！

あなたが株で稼ぐためには、買った価格より高い価格で売ればいいのです。ただこれだけのことなのですが、すんなりとはできません。それは、株価が上がるところがわからないからです。では、そもそもこの株価、上がったり下がったりするのはなぜなのでしょうか？　それがわかれば、株価が上がるところがわかってきます。株価が動く要因は大きく分けて3つあります。

株価が動く3つの要因

❶景気動向や政治経済情勢
❷個々の企業の業績

❸買いたい人と売りたい人の力関係

この3つの中で、私が株のトレードをする際に**最も重要視していることは❸の「買いたい人と売りたい人の力関係」**です。

ではなぜ、「買いたい人と売りたい人の力関係」を最重要視するのでしょうか？　私たち個人が知ろうとしても、❶の景気動向や政治経済情勢、❷の個々の企業の業績については、資金が少なかったり、能力がなかったりと、思うように情報を手に入れることはできません。しかし潤沢な資金を持ち、能力があるプロの投資家たちは、これらの情報を得ることができるのです。となれば、この現状を利用しない手はありません。

☑株価チャートには、資金力のあるプロの投資家の動きが現れる

では、資金力のあるプロの投資家の動きにあわせるにはどうしたらいいのでしょうか？

それには、とにかく**「株価チャートを観ることが重要」**です。

資金力のあるプロの投資家たちが景気動向や政治経済情勢、個々の企業の業績を調べ、ある株を大量の資金で買ったとします。大量に買われた銘柄の株価は動き出すので、個人はその値動き

を見て、それについていけばいいのです。**資金力のあるプロの投資家が勝ち組であるのであれば、その動きと同じことをすれば勝てる**ということになります。

それをするための道具が「株価チャート」なのです。**株価チャートには、「多くの資金を持ったプロの投資家の動き」が現れる**のです。

ですから、個人がトレードをする際には、資金力のあるプロに任せるところは任せて、株価チャートだけを観るようにします。

⚠ 株価の動く理由

いつも気まぐれに動いているように見える株価ですが、実は気まぐれに動いているのではありません。時と場合によっては、誰かに意図的に動かされている場合があります。

■ 株価チャート

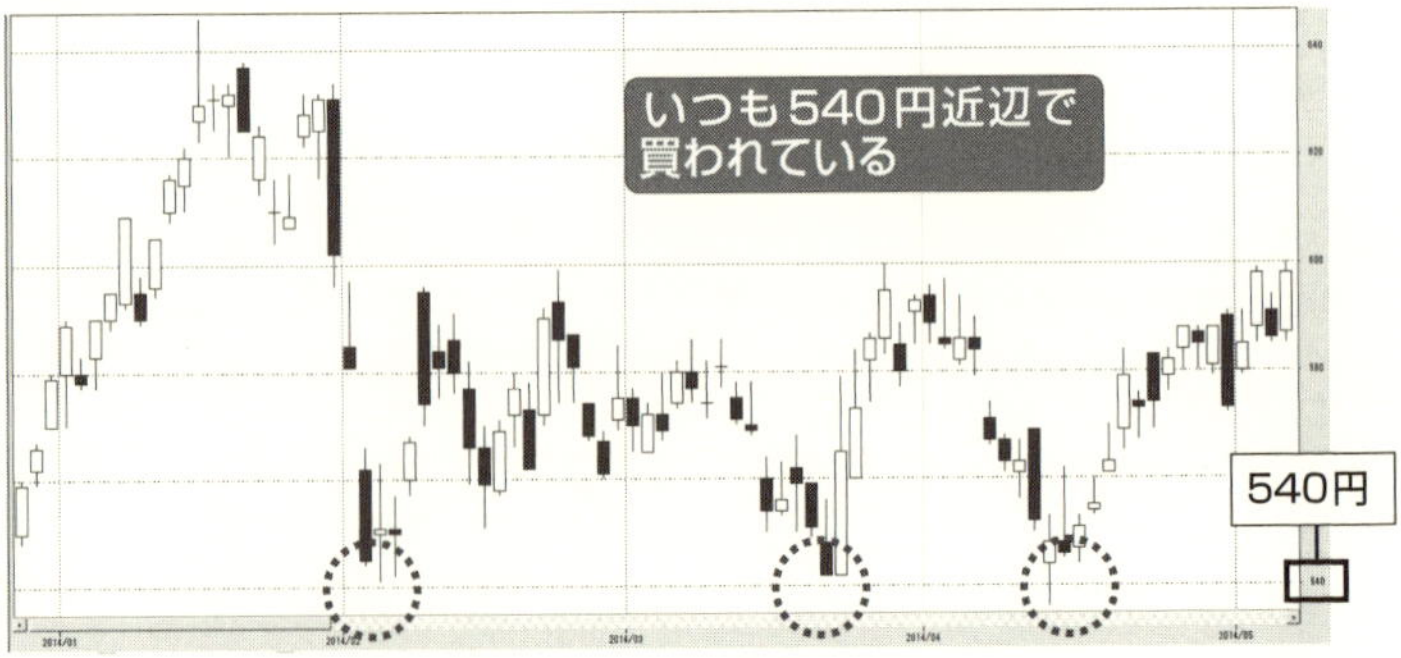
いつも540円近辺で買われている
540円

まずは前頁の図を観てください。

はじめてこの図を観る方もいるでしょう。これが「株価チャート」です。縦軸が株の価格を、横軸がある一定の期間（時間や日数）を表しています。白や黒の四角形は「ろうそく足」と呼ばれ、多くの場合、株価チャートはこのろうそく足で形成されています。

詳しくは第3章でお話しするので、今はこれが株価チャートなんだと理解してもらえればＯＫです。

では、図のチャートの株価の過去の動きから、次の2つを株価の気持ちになって親身に考えてみてください。

❶ 株価は今後どうしたいのか ⇩ 上昇したいのか、下降したいのか
❷ 株価はどうなっていきたいのか ⇩ 動きたいのか、止まっていたいのか

さて、株価チャートを観ると、3回ほど540円近辺で止まり、上昇しています。これは540円近辺で「買い」が入り、株価が上昇したのです。株価は540円近辺で止まりたかったのですね。

利益を出すためには、今度株価が540円近辺になったときに買って高くなったら、売ればいいのです。

このように「株価の動きには何らかの意図がある」と覚えておいてください。

ほかに考えられる株価が動く理由に業績発表があります。

たとえば、上場企業の決算発表時期は「○○の売り上げは前年比2倍！」とか「△△は大幅下方修正！」といった発表動向に一喜一憂する時期になります。

では、決算発表後に株価は、業績がよければ上がり、業績が悪ければ下がるのでしょうか？

実はそんなことはありません。決算発表後の株価の動きを見てみると、「業績が悪いのに上がる株」「業績がいいのに下がる株」がたくさんあります。

そうです。**業績発表と株価の動く方向は必ずしも一致しない**のです。

株価は、業績のいい悪いを踏まえたうえで、**多くの人や資金をたくさん持つ人が買いで参戦すれば上がり、多くの人や資金をたくさん持つ人が売り手に回れば下がる**ということなのです。

ただ、それだけのことなのです。そして、その動きを教えてくれるのが株価チャートなのです。

⚠気象予報士を見習って、勝ち組についていけ！

あなたは、天気予報を毎日見たり聞いたりすると思います。これらの予報は、プロの気象予報士が「過去、雲がこのような動きをしてきて、低気圧と高気圧がこのように動き、寒冷前線と温暖前線がこうなったから晴れた」というような経験則に基づいて、「過去にこのような状況で推移したあとはこうなった」という気象パターンから推測して、予報として紹介しています。

株式相場も同じで、**過去に「株価がこのような動きをしたときにかぎって、上がった」という経験則に基づいて「買い」と判断し、「株価がこのような動きをしたときにかぎって、下がった」という経験則に基づいて「売り」と判断**します。そして、その株価の動きを観る道具が、株価チャートなのです。

STEP 05

相場の雰囲気に流されない 買いたくてもすぐに買わない

⚠「自分の意思で買った」は、実は「買わされている」!?

あなたの日々の売買。

あなたが「この株買いだ」と判断して買った銘柄。

「これは本当に自分の意思で判断して買ったのですか?」とあなたに問うと、

「アタリマエだよ」「今、自分の意思で買ったんだよ」

という声が聞こえてきそうです。

でも、これ、実はほとんどの場合、買わされているのです。

たとえば、あなたが折り込みチラシの「コーラ! 通常100円のところ本日50円!」の特売の文言を見て、スーパーへ行くときのことを想像してみてください。そこで、「よし、コーラだけを買いに行こう」と決めます。しかし、実際にスーパーへ行くと、水の特売を見つけ、「あっそうそう、水も必要だったね」と水を買い、その隣のお茶を見つけては、「ああ、お茶も必要だったね」とお茶も買ってしまいませんか？

私が**「買わされている」と言っているのは、この行動のことで、当初の予定・目的とは異なる商品を買ってしまう行動**のことです。

買い物前にはコーラだけを買うと決めたはずなのに、ほかのものを買ってしまっています。これは、スーパーがあなたにコーラ以外のものを買わせているのです。決してあなたの意思でコーラ以外のものを買っているのではありません。

これと同じようなことが株式市場でも起こります。

自分の意思で、ある銘柄を買ったつもりですが、リアルタイムの株価ソフトに映るキラキラチカチカした値動きのある情報や値上がりランキングで今まさに上昇している銘柄、インターネット上の書き込み欄などを見ているうちに、当初は買う予定ではなかった銘柄を「買わされてしまう」のです。

これは、**相場の雰囲気や周りの環境が、買う必要のない銘柄をあなたに買わせている**のです。

そして、ほとんどの場合、そのような銘柄にかぎって、前もって十分に分析していないので、いい結果は得られません。

⚠株を買わないということは損をしないということだ！

買い物依存症ってご存知でしょうか？

買い物依存症とは、自分にとって必要ではないものや、すでに同じものを持っているにも関わらず、多くの物を買ってしまうという症状です。イライラしたり、不機嫌になるたびにデパートなどに行き、「物を買うことによって物質的に満たされる」という快楽を得ることで心を癒す行為です。

このような買い物依存症の症状を株の売買で出さないようにするために注意が必要です。

一般的な個人投資家は多くの株を買いすぎる傾向にあります。

毎日毎日、いつも頭の中は「どの株を買おう」「何かいい銘柄はないかな」「次はこの株をねらおう」といつも買うことばかり考えています。そしていつしか、買い銘柄がないと、何か相場に参加している気分にならない。落ち着かない。どんな銘柄でもいったん買えば、何かその時点で満足してしまう。

まさに「株の買い物依存症」です。

基本的に株の値動きというものは、自分の思い通りにはならないものなので、本当に上昇する自信のある株を探し出し、それが見つかったときのみ買うということを繰り返し繰り返し続けなければ、いいパフォーマンスが得られないのです。

時には株を買うこと自体を休む「買わない」という習慣を身につけないと、買ってはいけない損をするときに衝動買いをしてしまい、それまでせっかくコツコツ稼いできたお金を、そのときに大きく失ってしまうことになります。

では、どうすればいいのでしょうか？

それは、株というものを基本的に買わないと決めるのです。

「株を買わないなんてことすれば、稼げないじゃないか？」

と言われそうですが、株を買わないということは損をしないということにもなります。

まずは、株を買わないことを大前提としてください。そのうえで、いい株があれば、そのときは買うと決めていくのです。

いい株がなければ絶対に「買わない」ことが大切です。

⚠相場の雰囲気に流されないように、株価チャートを観る

株価はいろいろな情報やニュースに反応して上がったり下がったりしているのは事実です。ただ、上がるのか？　下がるのか？　を見極めるのが非常に難しいのです。

加えてもうひとつ、株価を動かすものがあります。

それは株価チャート自体です。株価チャートそのものが、株価を動かします。

株価チャートとは、過去から現在までの株価の値動きを表したグラフで、買い方（買いたい人）と売り方（売りたい人）の力関係を表しています。

売買の判断をする際、情報やニュースを見たり聞いたりしてではなく、この株価チャートを観る投資家やトレーダーもいます。

前にも述べましたが、株式相場の参加者とは、左記の通りです。

- まだ世間に知れ渡っていない情報を持つ者
- それに追随する者
- 公表されてしまったニュースに反応する者

この中で最も有利なのは、「まだ世間に知れ渡っていない情報を持つ者」でした。ただ、これにあなたや私のような個人はなれないので、これを追随する者になるには、**株価チャートを観ることで次に有利な者になろうとすることが大切なこと**だとを言いました。

もう、おわかりですね。

最も有利ではない、不利な者は誰なのか？　株価が上がってしまったところで出現するニュースに反応する者です。このニュースには決して踊らされないようにし、反応して買わないようにしてください。

⚠「馴染みのある株を買いなさい」は本当なのか？

あなたが、「さあ、株を買おう！　どんな銘柄の株を買おうかな？」と思ったとき、世間一般でよく言われるのが「馴染みのある株を買いなさい」です。

「遠くのものは避けよ」という相場格言もあります。

要は、「身近で親しみやすい会社のほうが、まったく知らない会社よりいろいろわかっていいですよ」ということですが、本当にそうなのでしょうか？

たとえば、あなたもご存知であろう、ファーストフードのマクドナルドの株や衣料のユニクロを経営するファーストリテイリングの株。

「馴染みのある株を買いなさい」とはこのような株を買えということですが、もし、このことが事実なら、この言葉どおりに売買した多くの人が株で大きな利益をもうすでに出していることになります。

しかし、決してそんなことはありませんね。ほとんどの人が利益を出せていませんね。

普通の一般的な個人投資家は株で勝てないようにしくまれています。

この**「馴染みのある株を買いなさい」というのは、株式市場周辺の利害関係者が個人を株式市場に誘うときの甘い誘い文句**なのです。

株をよく知らない個人の考え方で多いのは、

・どんな銘柄を買っていいのかわからない　⇩　株を買わない

ですが、これでは株式市場に誘えません。株式市場周辺の利害関係者達はその考えを

・どんな銘柄を買っていいのかわからない　⇩　あなたが知っている株を買っておけ

に変えることで、株式市場に誘っているのです。

あなたが株で、本当に稼ぎたいのであれば、ボーっとせずに、稼ぐためには何をすればいいのか、逆に何をしてはいけないのか、日々真剣に考えてください。その思考を止めると、市場関係者にダマされますよ！

あなたの目的は、決してあなたが知っている身近な株を買うことではないはずです。あなたの目的は、株で稼ぐことです。

株で稼ぐことができるのであれば、別にあなたが知らない株でもいいのです。

⚠優良企業の株とは、あなたにとって優良な企業の株のこと

先ほどの「馴染みのある株を買いなさい」と同様によく言われるのが、「優良企業の株を買いなさい」という言葉。これは間違っていません。

ただし、「倒産寸前の企業の株を買いなさい」と比べればの話です。

たとえば、トヨタ自動車の場合はどうでしょう。

これは間違いなく、現在の日本を代表する企業であり、決して倒産寸前の企業ではありません。

もし、トヨタの株がずっと上がり続けているのであれば、優良企業の株を買うという行為は正しいことになります。

しかし、決してそんなことはありません。

トヨタの株価チャートを観てください。

下がっているのがわかるでしょうか？　優良企業だからといって必ずしも常に上がるわけではないですね。

何度も言います。

あなたの目的は株で稼ぐことです。

あなたが買うのは、「優良企業」という世間一般で言われている優良な企業の株ではなく、あなた自身にとって優良な企業の株です。言い換えれば、**あなたが買ったあとに値が上がっていく株**のことです。

■トヨタ自動車のチャート

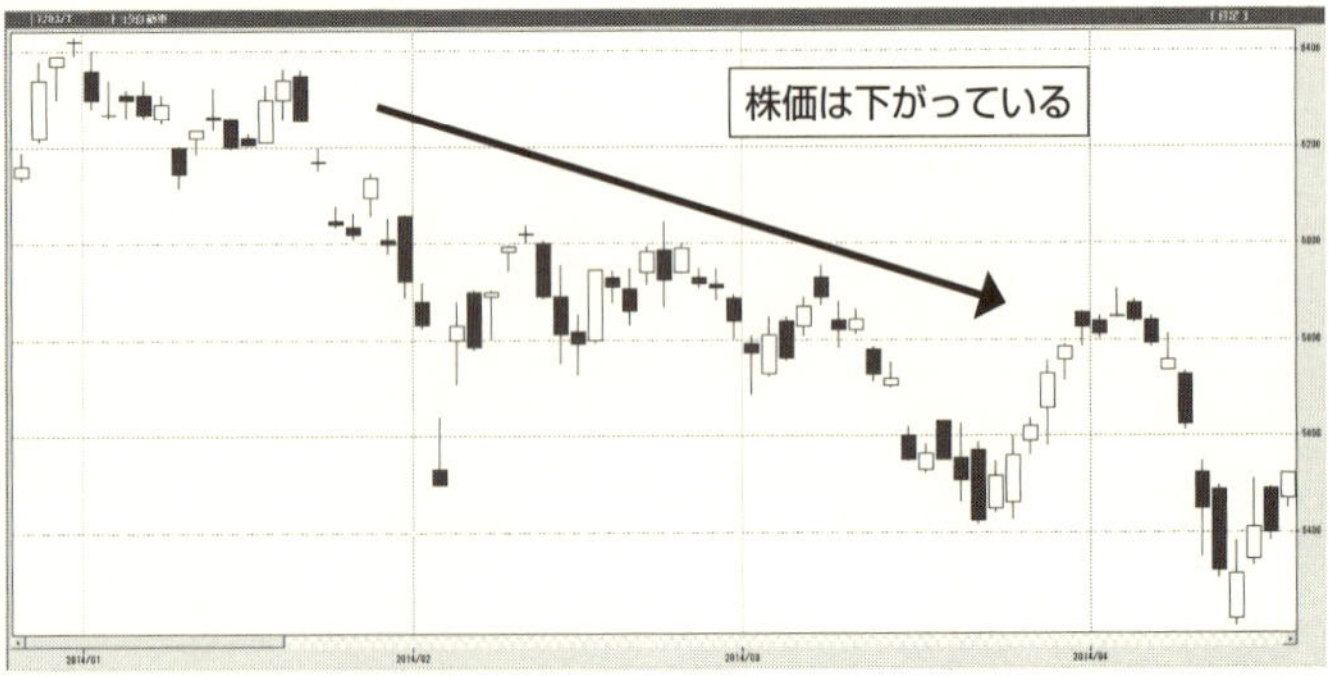

一般的に優良企業といわれている企業のチャート

オリエンタルランドのチャート

ファーストリテイリングのチャート

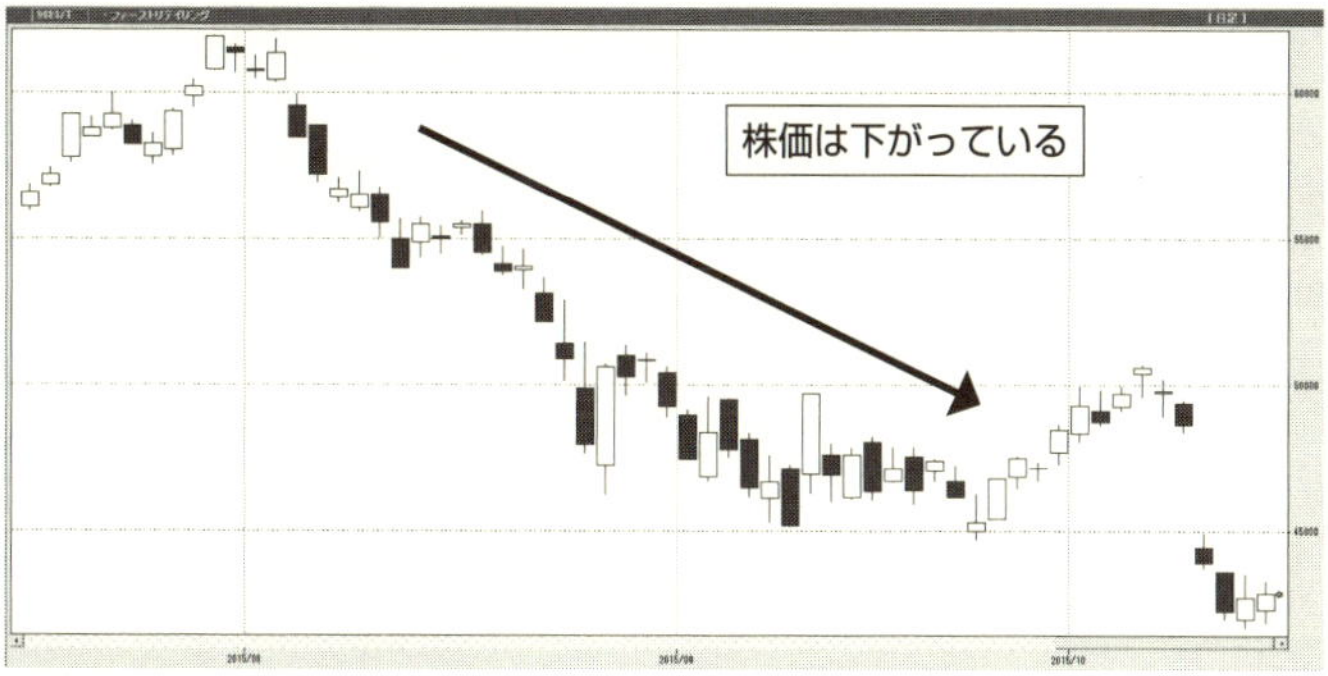

武田薬品工業のチャート

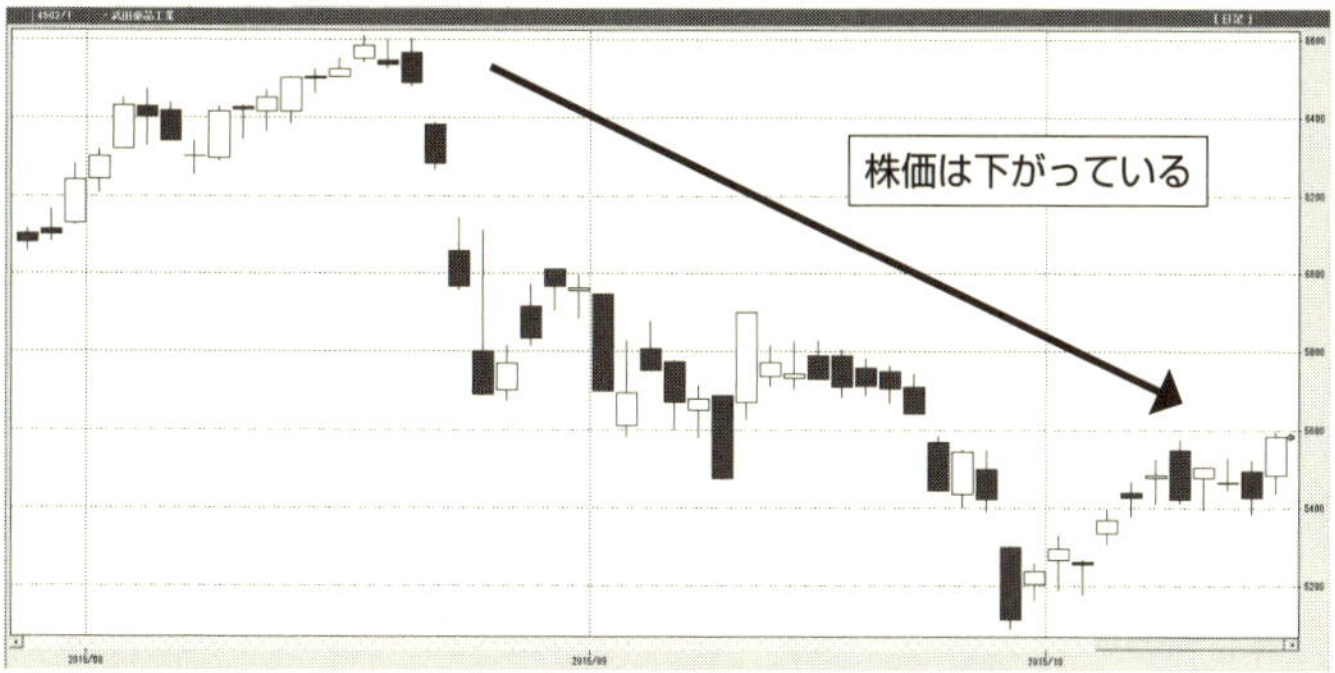

STEP 06

人と群れないでトレード自体を楽しむ

⚠メンターを決める

株式投資やトレードの手法とひと言で言っても、いろいろな手法があります。そして、それらを説くいろいろな人たちも存在します。

私もその1人なのですが、当然、私よりも素晴らしいやり方や考え方を持っている人は存在します。逆に、まったくダメなやり方や考え方を持っている人も存在します。

このような状況の中で、あなたにとっていいメンターを選ばなければいけません。

では、どのようなメンターがいいメンターなのでしょうか？

私が考える**いいメンターとは、「再現性」があるやり方や考え方を教えてくれる人**です。

世の中には、カリスマデイトレーダーや欧米の有名投資家など優秀な人は多く存在していますが、ここであなたに考えてほしいのは、その人たちが言っていることを自分自身が明日から実行できるのか？　ということです。彼らが言っていること、考えていることを明日以降同じように「再現」できるのかどうか？　です。普通に考えれば、「再現」できないことに気がつくはずです。

また、あまりにも大げさなことを言い、煽《あお》るメンターは信用できないと私は考えています。「簡単に、誰でも、短期間に、大儲け」などと言い、煽《あお》る人です。そんな簡単に株で儲かるのであれば、誰も苦労はせず、誰でも今頃大金持ちになっているはずです。

「いや、そのような人いるよ」と思ったあなた。

確かにそのような人はいます。ただ、その人は、多くの人の中でたまたまそのようになった一部の人であって、その人の底辺には多くの負け組がいることを忘れないでください。

メンターを選ぶ基準は、メンターの手法や考え方をそのままあなた自身が実行に移せるかどうかが重要です。また、メンターが株で稼ぐことをあたかも簡単かのように言うことなく、株式相場の厳しさをしっかり伝えているかどうかも重要です。

⚠家族、友人知人には相談しない

あなたが株のトレーダーとして、日々のトレードを取り組んでいく中で、当然、いろいろな悩みや不安を抱えることがあります。

そのときに、決して家族や友人知人には相談しないでください。

前述したメンターに相談するのがいいでしょう。

たとえば、あなたが株のトレーダーとして普段から数十万円を動かし、

「今日は、数万円利益が出た！」

「昨日は、数万円のロスカットをしてしまった！」

というようにトレードをしていることを配偶者に話そうものなら、彼（彼女）らは目を丸くし、「そんなギャンブルみたいなことやめておきなさい！」とトレード自体を反対されるのが落ちでしょう。

その通りだと思います。

現在トレードを学んでいるあなただからこそ、トレードというものは、しっかりルールを守ってリスク管理をすれば、決してギャンブルではないということがわかるのです。

トレードを学んでいないあなたの周りの人は、これが理解できませんし、理解しようともしません。説得するだけ時間の無駄です。

これは、友人知人の場合であっても同じです。

ですから、株のトレードのことは自分の心の中にしまっておき、こっそりせっせと稼いでください！

いいコミュニティと悪いコミュニティ

あなたが友人知人と一緒にトレードをはじめ出した場合、「株仲間のコミュニティをつくろう！」「みんなで情報交換をしよう！」と言い出す人が必ず出てきます。この提案には絶対に乗らず、株仲間のコミュニティはつくらないほうが無難です。

なぜなら、そのコミュニティ自体が稼ぐことが難しいからです。

株というものは、10人いれば10人とも全員稼ぐことができるというものではなく、稼ぐことができるのはそのうちの「数人」です。そして、その「数人」は決してコミュニティを持ちたいと言わない性格の人です。この「数人」は、1人になりたがります。

コミュニティの中に稼ぐことができない人が現れると、その人は自分でいい手法やいいチャートを見つけようとはせず、ほかのメンバーからいい手法やいいチャートを教えてもらおうとだけ考えます。そして、自分では物事を思考しなくなるのです。

もし、このようなコミュニティにあなたのような優秀な人が加わろうものなら、大概の場合、負けている思考の人に足を引っ張られ、負けた者同士の傷の舐めあいに引き込まれてしまうでしょう。

こういうマイナス思考の持ち主とつきあっているかぎり、株で勝つ思考には到達できません。

しかし、**もともとあかの他人だった者で、同じ思考を持ち、同じ手法を取る者同士で、多い少ないはあるにせよ利益が出ている者同士のようなコミュニティは大賛成**です。

これは強烈なパワーを生み出します。

こんなコミュニティであれば、慣れあいや他力本願にはならず、自分自身の力で何とかするのです。

コミュニティメンバーのそれぞれのいいところを伸ばし、悪いところを修正しあえる前向きなコミュニティになるのです。

コミュニティはコミュニティでも、このようないい関係性であれば、ぜひつくるべきです。

⚠プロ個人トレーダーとしてトレード自体を楽しむ

あなたは真の株のトレーダーですか？
それとも、株のトレードはお金を得るための単なる手段ですか？
私はプロ個人トレーダー志望の人には、このような質問をよくします。
まず、株のトレーダーになる動機として、最初は誰でもお金をたくさんほしいと思うところからはじまります。私も最初はお金がたくさんほしいと思うところからはじめました。

しかし、トレーダーとして、「金銭的な利益」ばかりを追いかけると、基本的には大きく損をしやすくなります。

株のトレードというものは、非常に精神的なものや内面的なものに影響されやすく、早く結果を求めようとすると、理論やルールや考え方を無視してトレードしがちになります。結果優先になり、結果までの過程を蔑ろにしてしまうのです。「この株、上がるかな？」「この株、下がるかな？」と思えば、なんとなく惰性で売買してしまいます。

しかし、このような人にはいい結果は出ません。たまには儲かることがあっても、しっかり地に足がついた売買ではないので、稼いでいくことができません。

では、どのような人が結果を出しやすいのでしょうか？

結果を出す人は、トレードそのものを楽しもうとする人です。

トレードがまるでひとつのスポーツであるかのように、競技として楽しもうとする人です。

スポーツには試合があり、試合で勝つという目標に向かって日々練習をします。本番に向けて練習試合をしたり、ミーティングもしたりします。

これをトレードに置き換えると、「試合で勝つ」とは、「利益をあげる」ということになります。

日々の練習とは、利益をあげるための手法や考え方を学ぶことです。

練習試合とは、実践の前のシミュレーション的な「買ったつもり、売ったつもり」の仮想売買のことです。

ミーティングとは、トレードの日記などをつけながらの取引の反省や次のトレードのための戦略を練ることです。

このように、**トレードをお金を得るための単なる手段として考えるのではなく、トレードその**

ものを楽しみ、好きになり、そのトレードでいい成績をおさめようと考えるのです。

このような思考ができれば、お金がほしいという欲や損したくないという恐怖が少なくなり、このような不安定な気持ちから解放され、トレードそのものに自然体で向かうことができます。

その結果、あなたはお金を稼ぐことができるようになるのです。

STEP 07

稼いでいそうな素振りは見せない

⚠多くの人から嫉妬される

株のトレードで稼ぐことができるようになると、何かと気持ちが大きくなり、株をしていることを誰かに言いたくなります。また、急に人間が変わったように、人に対する振る舞い方が横柄になることもあります。

たとえば、宝くじに当たった人。

高額当選した人が、自分の心の中にどうしてもしまっておくことができず、誰かに当選したことを、漏らしてしまいます。そうなると、いろいろな団体から寄附の依頼が来たり、急に親戚が増えたり……と大変になり、最終的に不幸になることが多いようです。

宝くじと株は本質的には異なりますが、株のトレードで稼いでいるというと、「不労所得」で簡単に儲けているというように誤解され、うらやましがられ、嫉妬心を買います。また、周りの人からは「今度、上がる株教えてよー」「何かいい情報、持ってるんでしょう。出し惜しみせずに教えてよー」と言われます。

「そんなのわかりません」と言い、教えなかったら、「ケチ」と言われます。

なぜ、「ケチと言われなければいけないのか……」。本当に上がる株なんてわかるわけでもなく、「いい情報を持っていないのに……」と思ってしまいます。

このような状況で、自分では、「簡単には儲けていない」「しっかり努力して稼いでいるのだ」と思っていてもダメで、周りは違った見方であなたを見るのです。

STEP 06で前述した通り、株のトレードのことを家族や友人に言ってもいいことなどひとつもないので、**決して株のトレードのことを誰かに言わない**ようにしてください。

そして、もうひとつ大切なことは、**今までと同じように振る舞うこと**です。

先ほども言いましたが、株でうまくいき出すと、話し方や態度に横柄さが出てきがちになるので、株で稼ぐことができればできるほど、謙虚になろうとしてください。

株のトレードの世界だけでなく、他の分野の中でも、継続して成功している人は大物になればなるほど謙虚な人が多いものです。

⚠その他大勢の「個人投資家」から抜け出す方法

あなたがトレードをしていると、あるとき大きく利益が出ることがあります。

そんなとき、どうするでしょうか？

少し気が大きくなってしまい、ぜいたくをしたくなります。

たとえば、服を買いに行こうと、デパートへ！　いつもは絶対に行かないような価格帯の高い店で1着、2着……と。そのあと、高級レストランでお食事。というように、高価な消費活動をするのではないでしょうか？

これ、やめてください。

こんなことをするのは、もっともっとお金を稼いでからでも遅くはないです。**株で大きく利益が出ても、決してこのようなことをしてはいけません。まず、真っ先にあなたがしなければなら**

ないことは、「再投資」です。

大きく利益が出た株を売って得たお金を、再度トレード資金として動かすのです。資金が増えていく過程ではロスカットなどの損失も発生するので、そんなに簡単にはいきませんが、この本で身につけた技術や考えをうまく使えば、資金が雪だるま式に増えていくことも不可能ではなくなります。

ですから、大きく消費するのだけはやめてください。大きく消費するのは、たまたま大金が入ったことによって、有頂天になった「その他大勢の個人投資家」だけでいいのです。

あなたはその他大勢の個人投資家ではありませんね。

プロ個人トレーダーですね。個人投資家というレベルを超えたプロの自覚を持って、判断するようにしてください。

あなたは常日頃から、プロ個人トレーダーとして、その他大勢の個人投資家が行いそうな行動をしっかり認識し、大きく利益が出たときだけではなく、そのほかのいろいろな局面においても、プロとしての判断をするようにしてください。

⚠本業をシッカリ営もう

あなたがトレードをはじめてから間もないころ、ビギナーズラック的にうまくいっているときによくあることなのですが、必ず次のように思う人がいます。

「よし！　今の仕事を辞めて、専業トレーダーになろう！」

そのとき私は次のように言います。

「ちょっと、待った！」

この「専業トレーダー」は、多くの人が思っているよりも簡単ではないからです。

株式相場というものは、どんなにすごい技術を持っているプロであっても、稼ぎやすいときと稼ぎにくいときがあります。稼ぎやすいときに、しっかり稼ぐことは難しくはないですが、稼ぎにくいときに、しっかり稼ぐことは非常に難しいことです。

では、稼ぎにくいときにはどうすればいいのでしょうか？

基本的には、**稼ぎにくいときにはトレード自体を休む**ことです。そして、**稼ぎやすいときのみ**

トレードをします。

これが非常に大切で、プロの行動です。ただ、これを実行しようと思えば、トレードを休んでいるときの収入（生活費）が必要となります。

そうです。これが皆さんの本業（自営業やサラリーマン、ＯＬ、アルバイトなどの業種や雇用関係を問わない仕事）です。

本業をこなし、それなりの収入（生活費）があれば、トレードのみの収入に頼ることはなくなります。しかし、本業を辞め、トレードのみに走ってしまうと、稼ぎにくい時期であっても、生活費のために無理矢理トレードをしなければならなくなります。

そのときです！　株式市場に潜んでいる悪魔があなたに襲い掛かるのです。

その悪魔とは「大損」です。

たとえば、あなたの毎月の生活費が最低30万円は必要だとしましょう。専業トレーダーなので、収入源はトレードだけです。今月は30万円稼げました。翌月も30万円稼がなければなりません。そうしないと生活できないからです。そんなとき、トレードで稼ぐことが難しいときが来ました。

月初めに10万円負けてしまい、続けて、中旬に10万円負けてしまいました。

このとき、あなたはどう思うでしょうか？

「あっ、どうしよう。このままいけば、今月は赤字！」

「このまま終わるわけにはいかない、負けた分を取り返そう！」

「よ～し、じゃあ、この株で勝負だ！」

この株というのは、たいていの場合、株式市場で今急上昇しているが、いつ下がるか分からない株や値動きの激しいリスクの大きな株になります。

上がる期待で買った株。しかし、どういうわけか、こんなときにかぎって下がってしまいます。

このとき、ここでロスカットをすれば、大損せずにすむわけですが……ロスカットをしないのです。というかできないのです。

「ここでロスカットしたら、今月は生活できない」

「しばらく様子を見よう」

「ここから反転し、上がるはずだ」

となるわけです。

しかし、それでも上がらずにどんどん下がっていきます。

含み損が大きく増えてしまい、どうしようもなくなります。

これが専業トレーダーの落とし穴なのです。

でも、ここで本業の収入（生活費）があれば、このようなことはありません。

まず、**トレードで稼ぐことが難しいときには、トレード自体を休む**でしょうし、たとえ買った株が下がったとしても、**本業の収入（生活費）があるので、焦ることなくロスをしっかり受け入れ、**冷静に素直にロスカットをしているはずです。

ですから、ビギナーズラック的に、うまくいっているからといって、「今の仕事を辞めて、専業トレーダーになろう」と考えないほうがいいのです。


まずは本業を営んでください。そして、次にトレードと両立させてください。

トレードで稼ぎやすいときにトレードに力を注ぎ、トレードで稼ぎにくいときはトレード数を少なくしたり、休んだりすべきです。

どうしても専業にしたいのであれば、経験を積んでトレードがうまくなったときに、そこではじめて専業を考えてみてはいかがでしょうか？

そこで専業になるのであれば、いい判断だと思います。

コラム　メンターがいなくても大丈夫!?

STEP 06 では「メンターを決める」というお話をしました。そこで私のメンターは誰なのかということになるのですが、実は、私のメンターはいません。

私は誰か特定の人から弟子として株のトレードの指南を受けたことはなく、基本的には書籍から知識や技術を得てきました。

どのような書籍から得てきたかといいますと、たとえば、海外の人だと、移動平均線と株価の関係を説いたグランビル氏が書いた書籍や、株価の変動の幅や動く時期について説いたボリンジャー氏が書いた書籍など、日本人でいえば、ろうそく足について説いた本間宗久氏、一目均衡表を説いた一目山人氏などなど挙げればキリがありません。

これらのようなチャートについて書かれた書籍を100冊以上読み、自分なりに解釈し、その著者の表面的な手法だけではなく、その著者の本質的な考えもくみ取りながら手法を分析加工し、私独自のものにしていきました。

ですから、ちまたでよく耳にする
「誰それの本の手法は機能しない、通用しない」とか……
「誰それの本の考え方は間違っている」とか……
私は一切そのように思わないわけです。みなさん非常に素晴らしく、まっとうなことをおっしゃっています。

悪いのはそれを読む受け手側の読者なのです。読者に著者の素晴らしさを受け入れるだけの器がないだけなのです。

私にはこれといったメンターはいませんが、今の私のトレード技術は多くの先人たちの考え方がベースになっています。

第3章

稼げるチャートの観方

STEP 08

チャートの観方

株価チャートを「観る」とは？

この章を読むだけでも、いつどこで株価が上がるのかがわかるようになります。

株価チャートとは、過去の一定期間の株価を加工し、グラフ化して、株価の動きを観やすくしたものです。

株価チャートをしっかり「観る」ことで、株価の動きやリズム、勢い、動きの傾向などを読み取ることができます。ただ単にチャートを「見る」のではなく、**チャートをじっくりと「観る」ことが、多くの資金を持つプロの投資家たちの動きを理解するために非常に大切**になります。

チャートそのものは、各証券会社のホームページやネットの株関連サイトなどで、いつでも無料で観ることができます。

しかし、実際にチャートを観るといっても、初心者にとってはかなり難しく感じるかもしれませんが、まずは慣れるためにも、早速チャートを観てみましょう。

⚠実際にチャートを観てみる!

下記のチャート 図❶ を見てください。一見すると、現在の株価は「安い」ように思えます。ここで慌てず、チャート 図❶ より過去にさかのぼったチャート 図❷ を見てみましょう。先ほどと同じ銘柄ですが、「高い」ように思えてきます。こうなると、安いのか高いのかわからなくなってきます。

■ 実際にチャート観てみる!

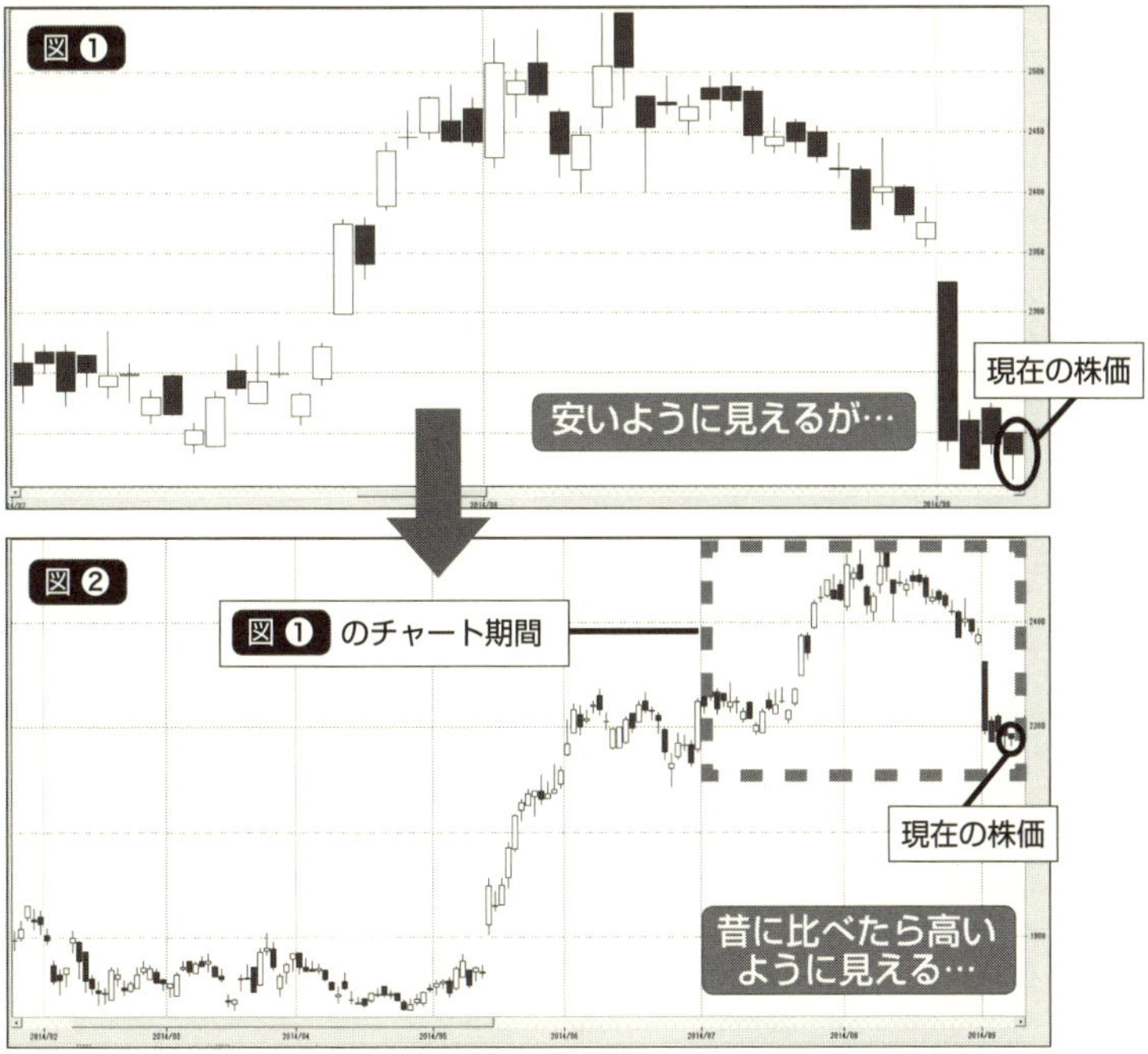

このようにチャートを観るときには、**チャートの横軸をどの期間に設定するのか、どこを安値としてとらえ、どこを高値としてとらえるのかといったことが大切**になります。

⚠「チャートを観ることができる」テクニックとは？

チャートを観て株価の動向を考えることを、一般的に「チャート分析」といいます。ただ初心者がチャートを分析しようとしても、はじめは何が何だかわからなくて、何をどう観ていいのかわからないものです。

しかし、たくさんのチャートを観ているうちに「同じパターンで上がる銘柄」が見つかります。この「**同じパターンで上がる銘柄」を探し出す行為が私の考える〝チャート分析〟**なのです。

では、チャート **図③** を分析し、この先の将来がどうなるか考えてみてください。

私が「このチャートは、この先の将来どうなるのか？」とチャート分析を少しでも勉強した人たちに質問すると、一般的には次のような答えが返ってきます。

「え〜と、株価の位置は○○○、ろうそく足が△△△、移動平均線がこうなっているから×××、だから上がるだろう」

残念ながらこういった分析をしている人たちはなかなか勝ち組に入ることができません。「今、目の前にあるチャートがどうなっていくのか」それしか考えていないからです。

では、プロトレーダーとしてふさわしい回答とは？

「え〜っと、チャート 図❸ の形は前に同じような形を観たことがあるな。過去に私が買ってうまくいったときと同じ形だ。同じような形だからまた上がるだろう」

これが私の考える「チャート分析」です。

何が違うのかというと、前者の回答は「今、目の前にあるチャートをいろいろ考えながら分析」していましたが、後者の回答は「もともと自分自身で、すでに分析ずみの（過去に同じ現象が起こった）チャートを見つけた」ことにな

■ チャートを分析してみよう

ります。

このように、**私の考える「チャート分析」とは、目の前にあるチャートを今分析する作業ではなく、すでに分析したもの（過去に同じ現象が起こったチャート）を探し出す作業**なのです。

◉ **チャート分析とは…**
過去に上昇したチャートパターンと似ているパターンを見つけ出すこと

この考え方は、チャートを観るうえで非常に大切なので、しっかり頭に入れておいてください。

⚠ 資金力のあるプロの動きは、ろうそく足から生まれる移動平均線に現れる！

株価チャートを観て売買を判断する際、はじめに知識として必要なものは**「ろうそく足から生まれる移動平均線を読む力」**です。移動平均線の説明の前にろうそく足とは何なのか、説明しておきましょう。なぜ、ろうそく足と呼ぶかというと、形がろうそくに似ているからです。

このろうそく足は、ある一定期間の「始値《はじめね》、高値《たかね》、安値《やすね》、終値《おわりね》の４つの価格（四本値《よんほんね》）」をもとにつくられています。ある一定期間は、1日間、1週間、1カ月間で表すことが一般的です。

ここでは、1日間のろうそく足を例に見ていきましょう。1日間とは、平日の9時～15時までの株式市場が開いている時間帯（ザラバといいます）のことです。9時から取引がはじまり、その日はじめて値がつく株価を「始値」といい、はじめて株価が決まるときのことを「寄《よ》り付《つ》き」といいます。

そして、ザラバ中に上がったり下がったりして、その日の1番安い株価を「安値」、その日の1番高い株価を「高値」といいます。その日の最後に値がつく株価を「終値」といいます。最終的に、1日の相場が終わることを「大引《おおび》け」といいます。

■ 1日の株価の動きとその名称

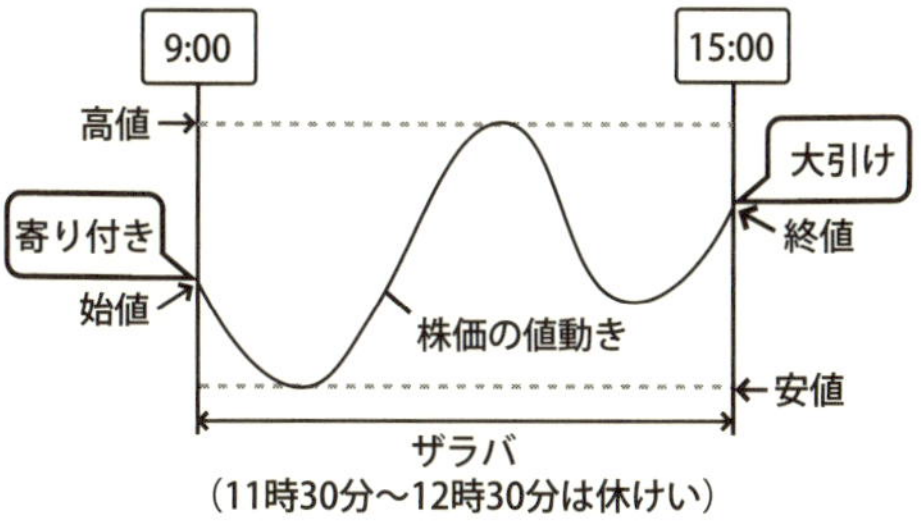

ろうそく足の書き方と用語

❶終値が始値より高いか安いかを見極める。

❷終値が始値より高い場合を「陽線《ようせん》」といい、白抜きで箱を描く。図A

❸終値が始値より安い場合を「陰線《いんせん》」といい、箱を黒で塗り潰す。図B

❹高値、安値の位置から、箱からはみ出した水準まで直線を引く。この直線のことを「ヒゲ」といい、上にあるヒゲを「上《うわ》ヒゲ」、下にあるヒゲを「下《した》ヒゲ」という。その箱（斜線部）のことを「実体《じったい》」という。図C

❺始値と終値が同じ価格の場合は箱（実体）がつくれないので、横棒の直線になる。その横棒に高値安値の上ヒゲ下ヒゲがある形を「寄り引き同時線」（十字足や十字線、トンボ）と呼び、寄り付きと大引けが同じ価格の足になる。図D

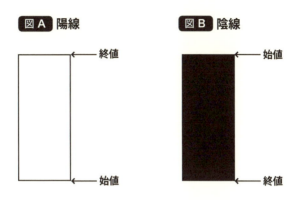

図A 陽線

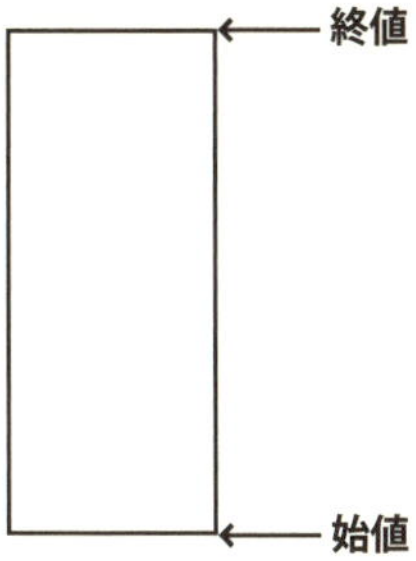

図B 陰線

図C

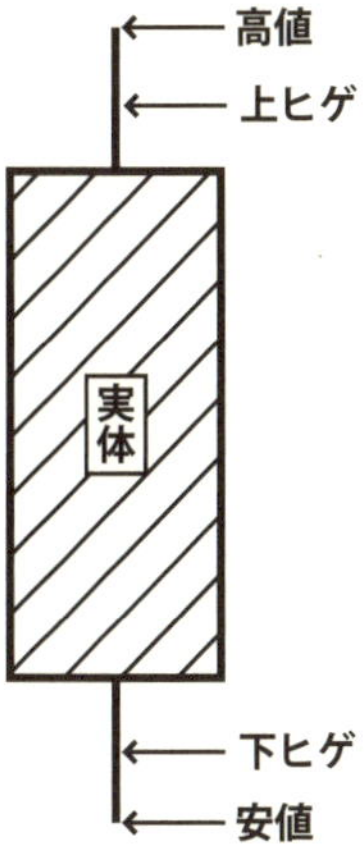

図D 寄り引き同時線

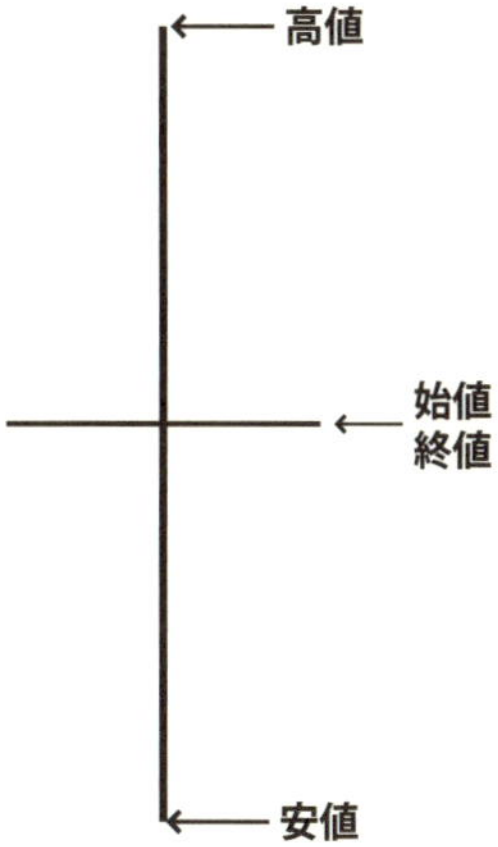

　このように、ろうそく足には陽線、陰線、寄り引き同時線があり、実体が長かったり短かったり、ヒゲが長かったり短かったりしながら、ろうそく足を形成していきます。

　初心者であれば、これらの用語を覚えることももちろん大切ですが、まずはこのろうそく足でチャートが主に形成されていることを頭に入れておいてください。

　ただ、株価本来の上昇下降をとらえるためには、日々のろうそく足ばかり追っていてはいけません。もっと全体的な流れをとらえる必要があります。そこで、**過去一定期間のろうそく足の終値の合計を過去一定期間で割り、平均化した「移動平均値」**を用います。移動平均値とは、直近のN個のデータの平均です。

　たとえば、**75日間の移動平均値とは、直近の75日間の終値の平均**です。当日を含む過去75日間の終値をすべて合計し、75で割ると、当日を含む過去75日間の終値の平均値が出ます。

移動平均線のしくみ

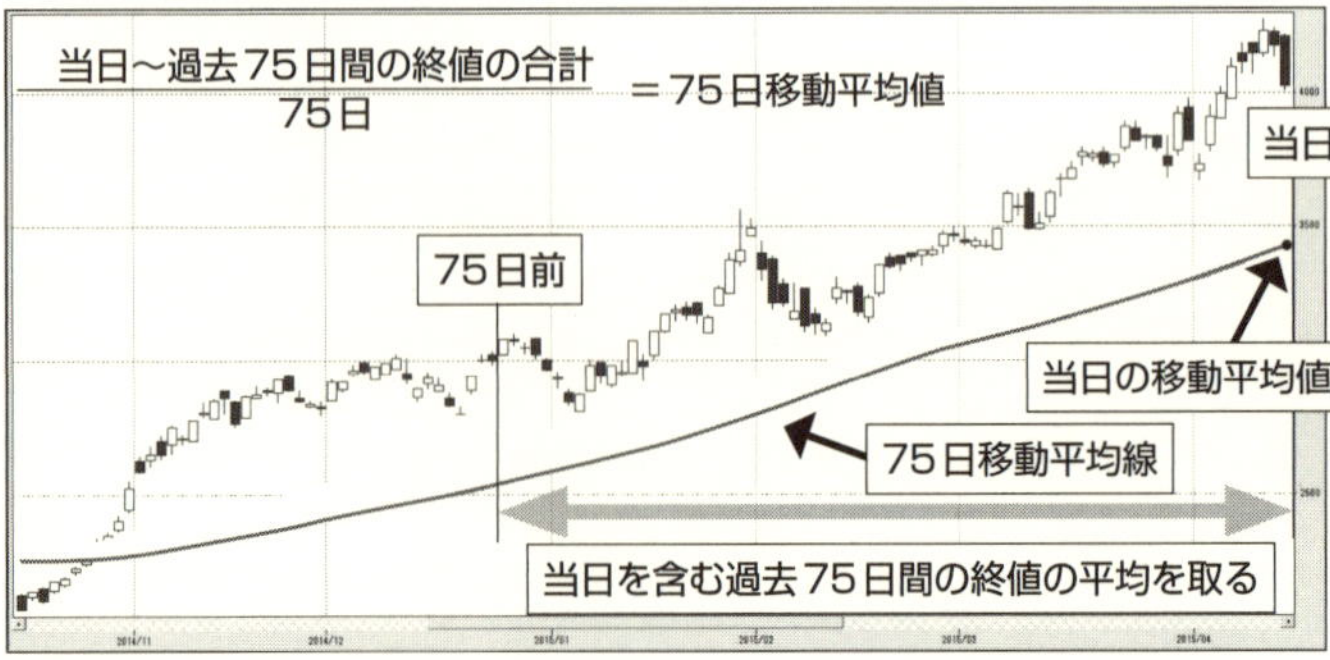

☑ 75日移動平均線のしくみ

75日移動平均線は、計算で求めた75日移動平均値をつなげて線にしたものです。

この75日は移動平均線の数値の中でも、ポピュラーなもので、多くのプロの投資家やプロのトレーダーに用いられています。ほかにも、多く使われる移動平均線の数値に25日などがあります。

移動平均線は、株価のトレンド（方向）を暗示することが多く、これが上を向いていると上昇相場、下を向いていると下降相場と考えます。

というのは、株価は日々気まぐれに上下しているよう見えますが、実はそうではなく、いったん方向が決まると、しばらくその方向を維持するクセがあるからです。

多くのプロの投資家やプロのトレーダーが使っている移動平均線だからこそ、動向も掴みやすく、勝ち組の考え方についていくことが可能になります。

具体的にどのようなときが買いパターンなのかは後ほど STEP 09 で詳しく説明します。

STEP 09

チャートを観てわかる買いパターンとあきらめるパターン

⚠移動平均線を使って買いパターンを知る

株価が上昇する買いパターンさえ知っていれば、株で稼ぐことが可能です。

では、どのようなチャートが買いパターンなのか紹介します。

後ほど出てくる第4章での市場選び、銘柄選びの際に重要な判断基準となるので、しっかり覚えましょう。

買いパターンは左記の通りです。

◉75日移動平均線をろうそく足が下から上に抜けたとき

下図を見てください。**75日移動平均線をろうそく足が下から上に抜けた日から株価が上がっている**のがよくわかると思います。

　このようなポイントから株価は急騰したり、徐々に上がったり、または少し上がったあと、失速したりします。このポイントで買っておけば、長期的にはどのような状態になろうとも、短期的にはいったんは利益が確保されている状態があるということです。

　今、75日移動平均線を株価が上に抜ければ、上がるということをお話ししましたが、これが、もし、どんな銘柄でもいつでも必ず上がるということになれば、これは大変なことで、明日からあなたは大金持ちになります。

　しかし、株のトレードはそんなに甘いものではありません。そうです。**75日移動平均線を株価が上に抜けても、上がら**

■買いパターン

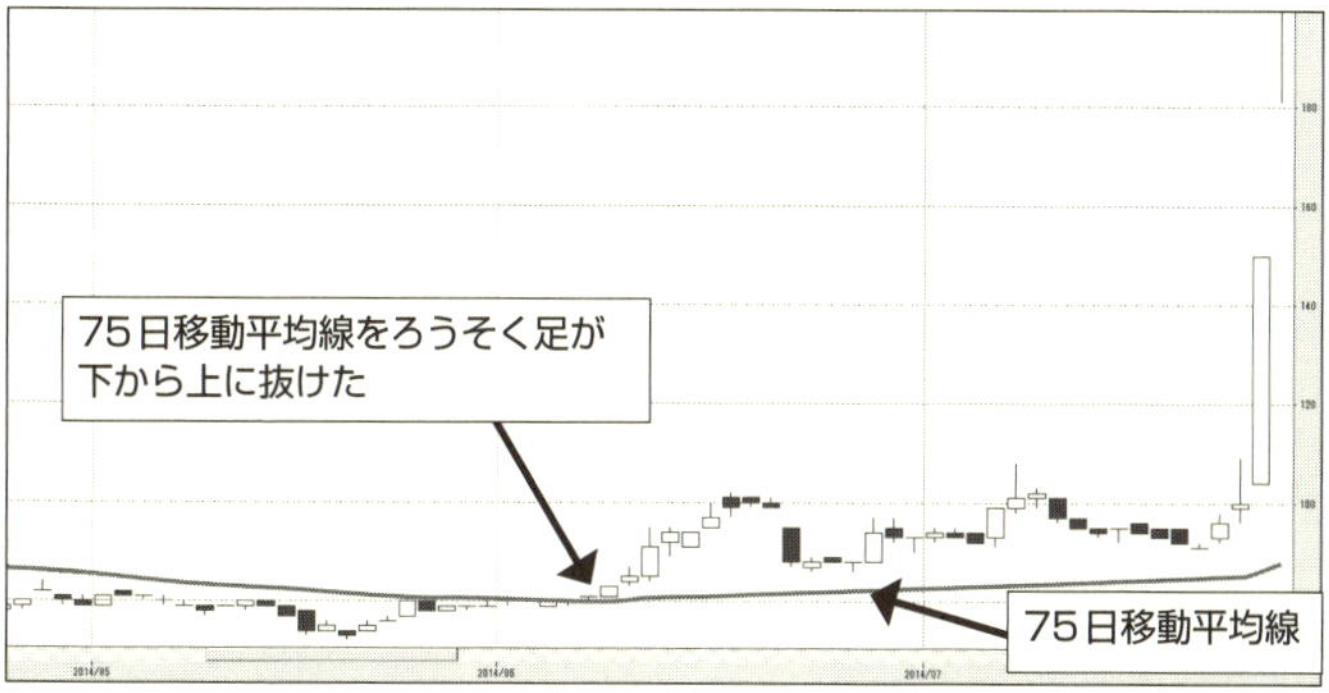

ない場合もあるのです。このことを「ダマシ」といいます。騙す騙されないのダマシです。

では、ダマシがあるこの売買法はダメなのか？　そうではありません。

この**「ダマシ」に引っかからずに、「本物」を買うようにすればいい**のです。

「本物」「ダマシ」の例を下図で紹介しますが、今はまだこのような場合もあるんだということを認識しておいてください。後ほど、詳しく説明します。

■ 75日移動平均線を上に抜けたあと、上昇する「本物」のパターン

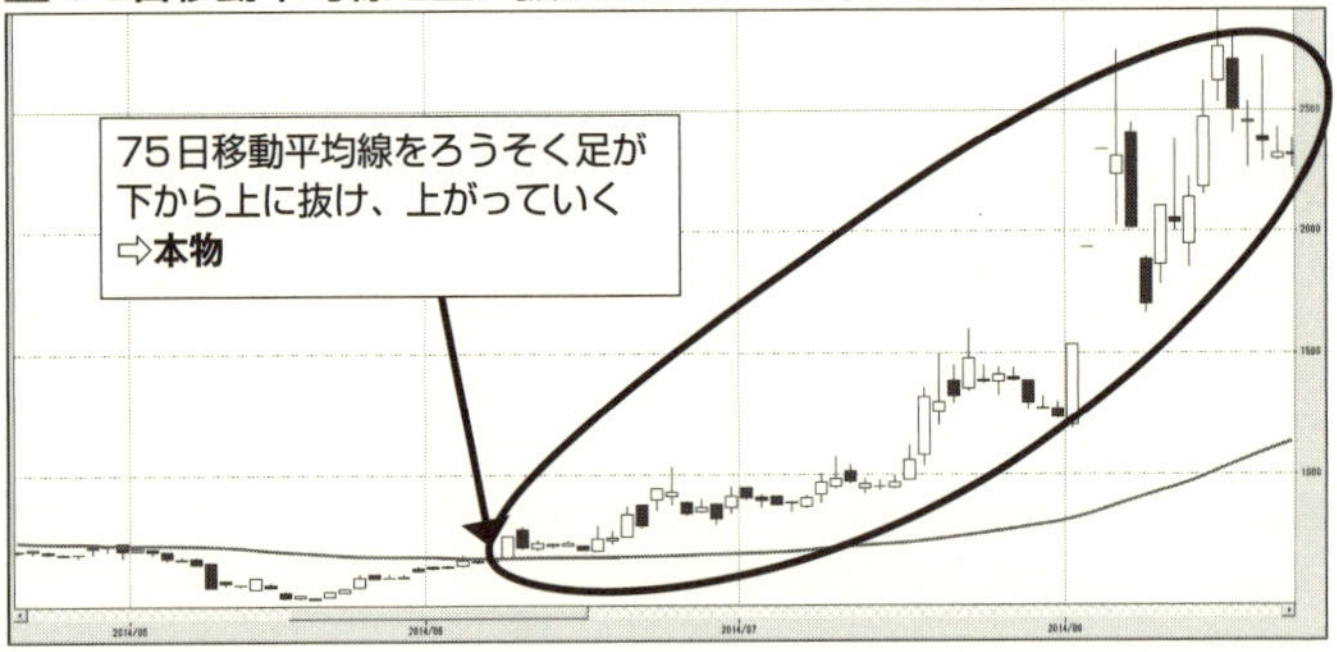

75日移動平均線をろうそく足が
下から上に抜け、上がっていく
⇨本物

■ 75日移動平均線を上に抜けたあと、下降する「ダマシ」のパターン

上に抜けた
下がっていく
75日移動平均線をろうそく足が
下から上に抜けたが、下がっていく
⇨ダマシ

☑25日移動平均線を使ってみよう

25日移動平均線とは、75日移動平均線と日数が異なり、日数が3分の1となります。ただ、基本的な考え方は75日の場合と同じです。

注意してほしいのは、この25日移動平均線にも「ダマシ」があることを覚えておいてください。

◉買いパターンは25日移動平均線をろうそく足が下から上に抜けたとき

■25日移動平均線を上に抜けたあと、上昇する「本物」のパターン

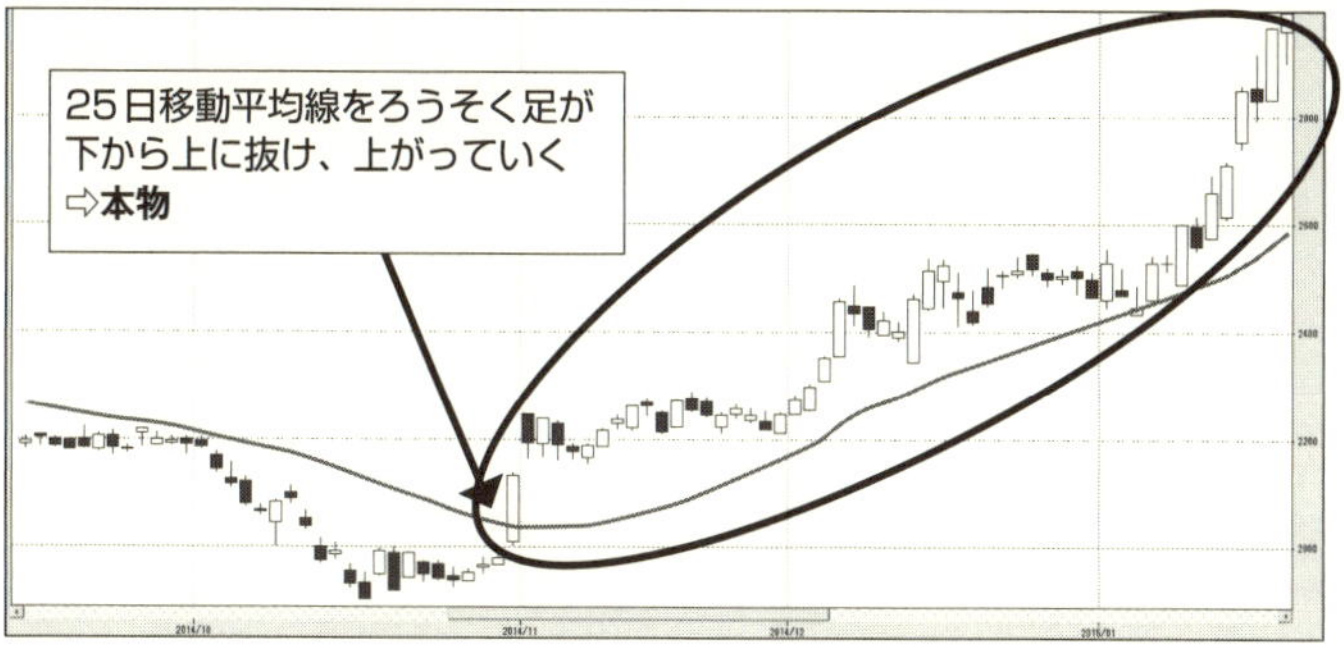

■25日移動平均線を上に抜けたあと、下降する「ダマシ」のパターン

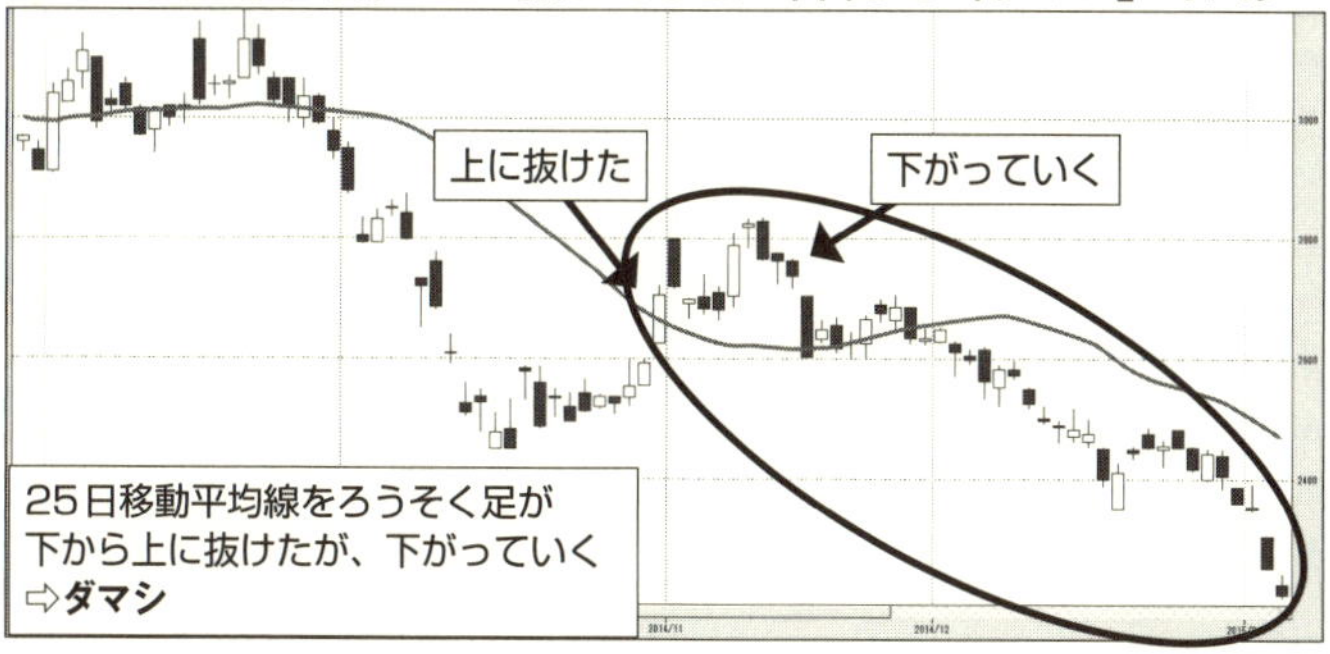

⚠本物の買いパターンを突き止める方法

確かに75日移動平均線にはダマシがあり、25日移動平均線にもダマシがあります。しかし、同時に「本物」もあります。

では、買ってから下がってしまう「ダマシ」に引っかからずに、買ってから上昇する「本物」の買いポイントをとらえるためには、どのようにすればいいのでしょうか？

勘が鋭いあなたなら、もう気づきましたね！

◉ 75日線 ⇩ 「本物」「ダマシ」がある
◉ 25日線 ⇩ 「本物」「ダマシ」がある

もし、75日線と25日線の両方が買いパターンを迎えたらどうでしょうか？

そうです。これが「本物」の買いパターンなのです。

◉ 75日線と25日線の買いパターンが重なったときが「本物」の買いパターン

では、実際のチャートを観ていきましょう。下図をご覧ください。

その1の図は、25日線だけを上に抜けても上がらないのですが、75日線を上に抜けた瞬間から上がっているのがよくわかります。

その2の図は、はじめに25日線と75日線の両方を上に抜け、上がっていきます。そして、その後下がってきます。株価は25日線を下に抜け、75日線の上で止まりますが、このときには上昇せず、25日線を上に抜けると再び上昇していきます。

このように**株価が25日線と75日線の両方を上に抜ければ、上がる**ことがよ

■ 両方の移動平均線を越えると上がっていく その1

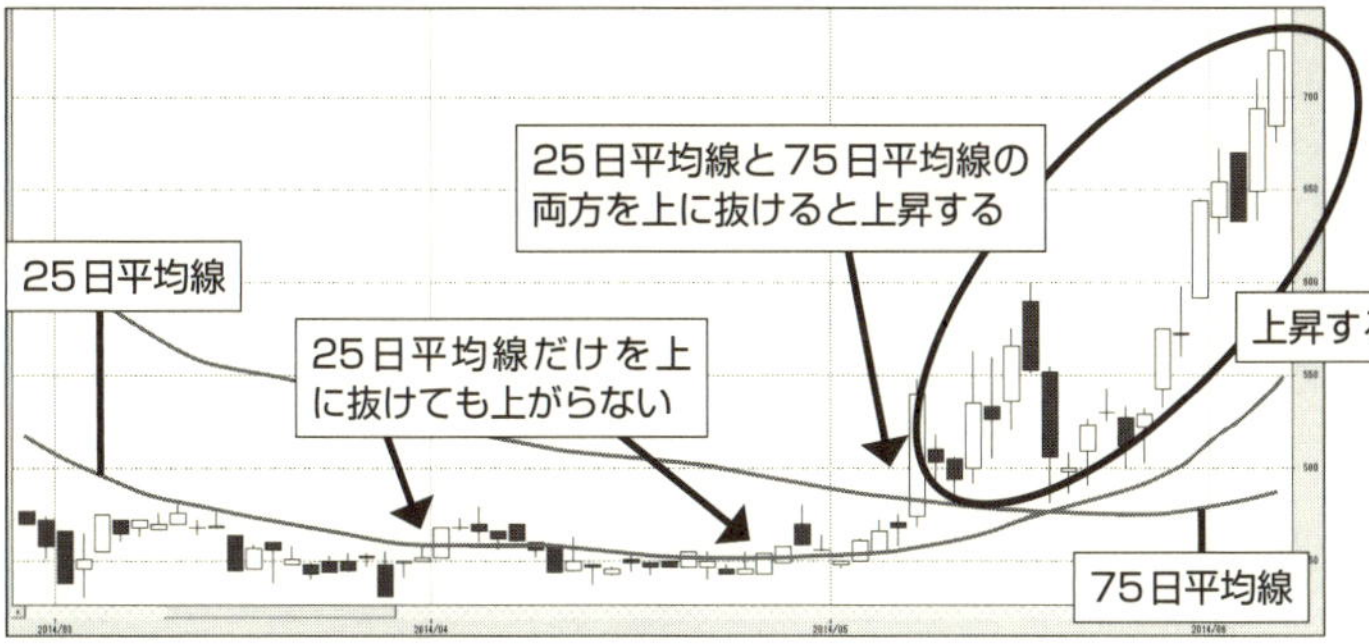

25日平均線と75日平均線の両方を上に抜けると上昇する
25日平均線
25日平均線だけを上に抜けても上がらない
上昇する
75日平均線

■ 両方の移動平均線を越えると上がっていく その2

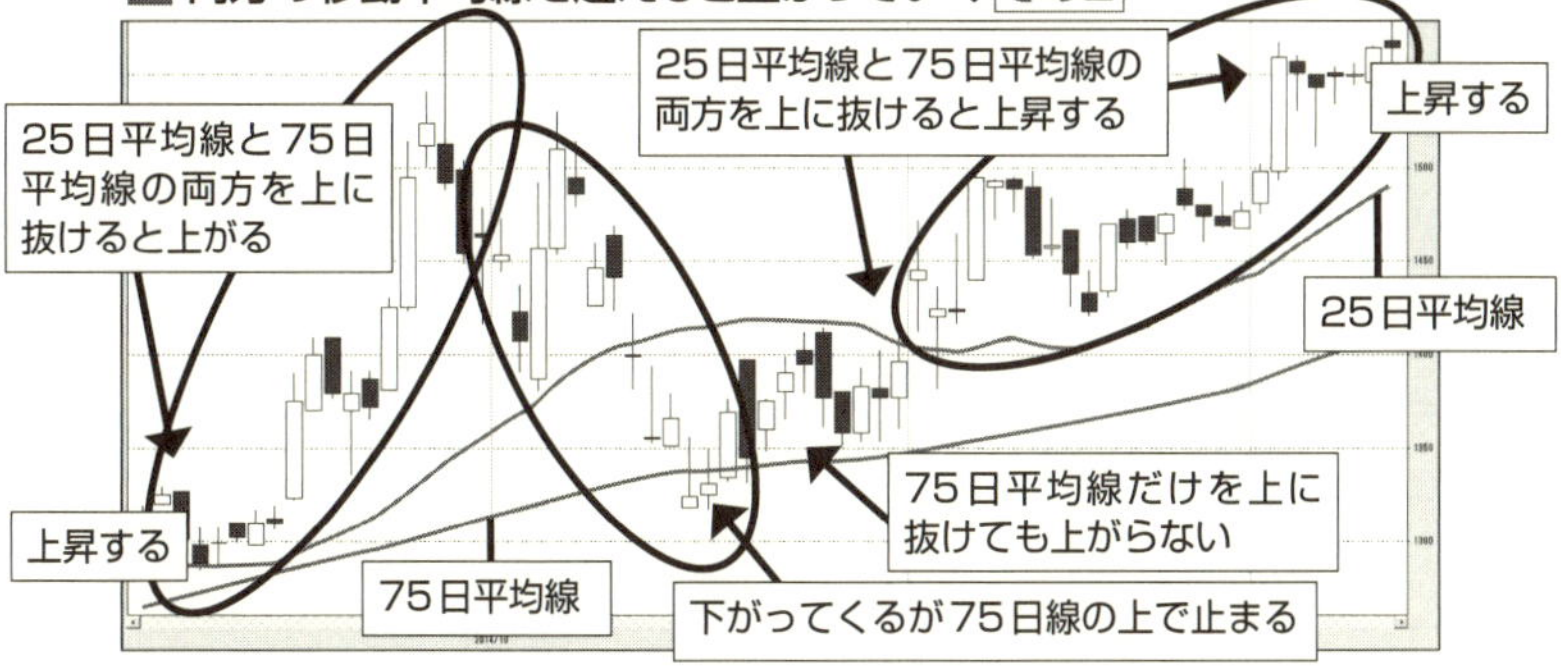

25日平均線と75日平均線の両方を上に抜けると上昇する
上昇する
25日平均線と75日平均線の両方を上に抜けると上がる
25日平均線
75日平均線だけを上に抜けても上がらない
上昇する
75日平均線
下がってくるが75日線の上で止まる

くわかります。

　この考え方は一つひとつの銘柄を買うときのほか、市場全体が買いパターンなのか、買いパターンでないのか、見極めるのにも大切な考え方ですから、必ず覚えてください。

　では、実際にはどのような銘柄をねらっていくのでしょうか？

　下図のように25日線もしくは75日線のいずれかをまだ上に抜けていないチャートです。多くのチャートを観はじめると、25日線と75日線のどちらかをまだ上に抜けていないチャートを見かけま

■ ねらっていきたいチャート

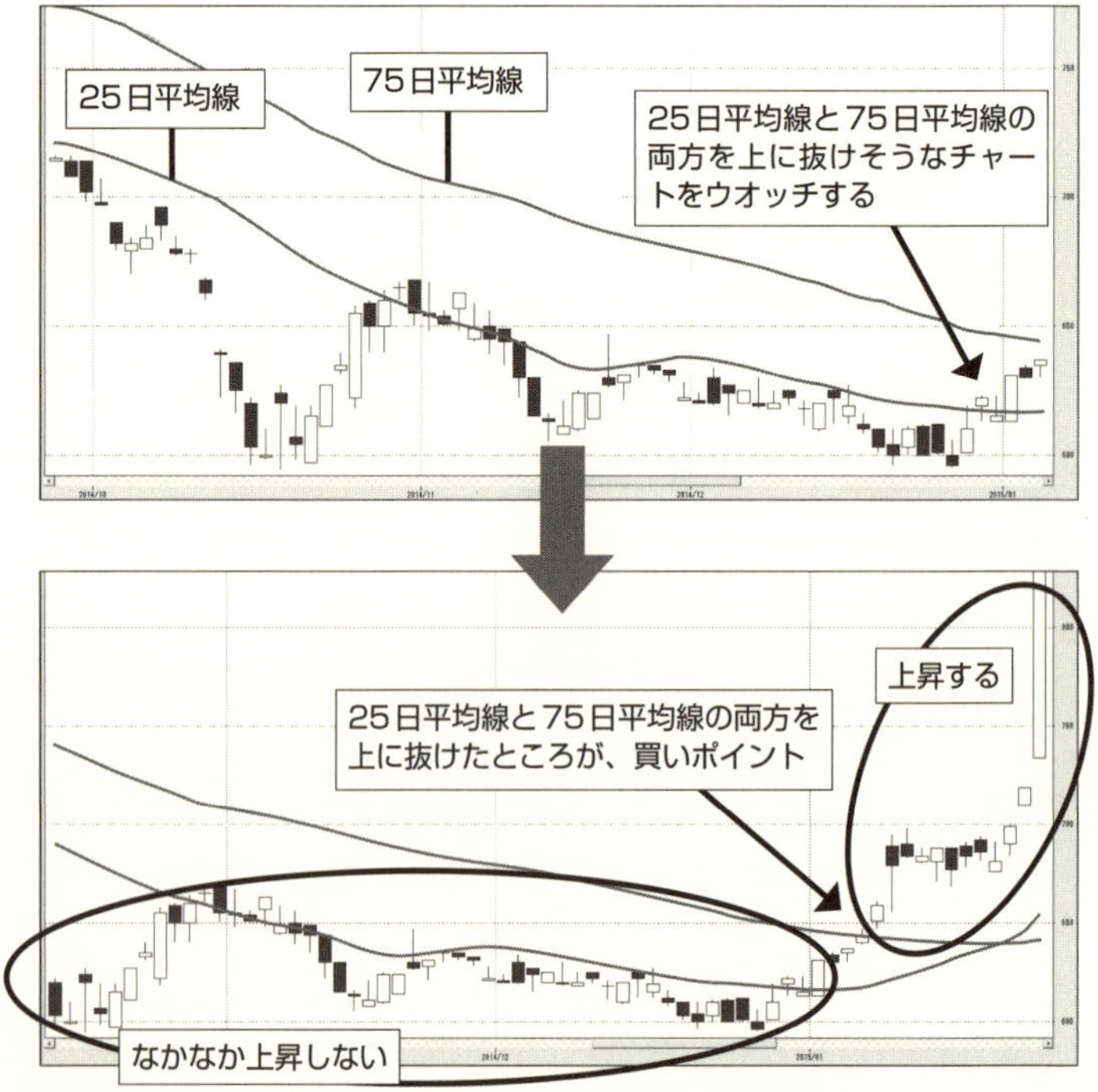
25日平均線
75日平均線
25日平均線と75日平均線の両方を上に抜けそうなチャートをウオッチする
上昇する
25日平均線と75日平均線の両方を上に抜けたところが、買いポイント
なかなか上昇しない

す。このようなチャートを見つけ出し、動向を追います。そして、ろうそく足が25日線と75日線の両方を下から上に抜けたときが買いポイントとなります。

⚠株価チャートを観たとたんにあきらめる3つのパターン

私が日々トレードする中で、チャートを観た瞬間に「買えない」と判断する3つのパターンを紹介します。「買えない」チャートとは、しばらくの間、買いパターンになる可能性がない＝今後しばらく株価は上がらないパターンのチャートです。123頁のチャートとともに確認してください。

☑25日線と75日線から株価が大きく上に離れてしまっている銘柄

株価が25日線と75日線の両方を上に抜けたところが買いポイントであるにも関わらず、もうすでに上に抜け切ってしまっており、買いポイントから大きく離れてしまっているパターン。

このパターンは株価上昇の勢いがあることが多いため、買えば大きく上がることもありますが、逆にピークも近くなっており、買った瞬間に下がることも十分考えられます。しかもそのときの下げが大きいこともしばしば……ハイリスクの局面がしばらく続くパターンです。

☑25日線と75日線から株価が大きく下に離れてしまっている銘柄

株価が25日線と75日線の両方を上に抜けたところが買いポイントですが、25日線と75日線を上に抜けるまで、まだしばらく日数がかかることが予想され、買いポイントから大きく離れてしまっているパターン。

このパターンは大きく下げているため、そろそろ底打ち反転のように感じられ、買いたくなるのが心情なのですが、まだまだ下降相場中であり下がることが多く、値ごろ感のみで買いに走ってはダメなパターンです。

☑25日線と75日線の距離が大きく離れてしまっている銘柄

25日線を上に抜けていますが、75日線を上に抜けるまで、まだしばらく日数がかかることが予想され、買いパターンから大きく離れてしまっています。

25日線だけを見れば買いの局面ですが、75日線を見るとまだ買いポイントになっていません。

買いのポイントはあくまでも25日線と75日線の両方を上に抜けたところなので、片方の移動平均

■ 25日線と75日線から株価が大きく上に離れてしまっている銘柄

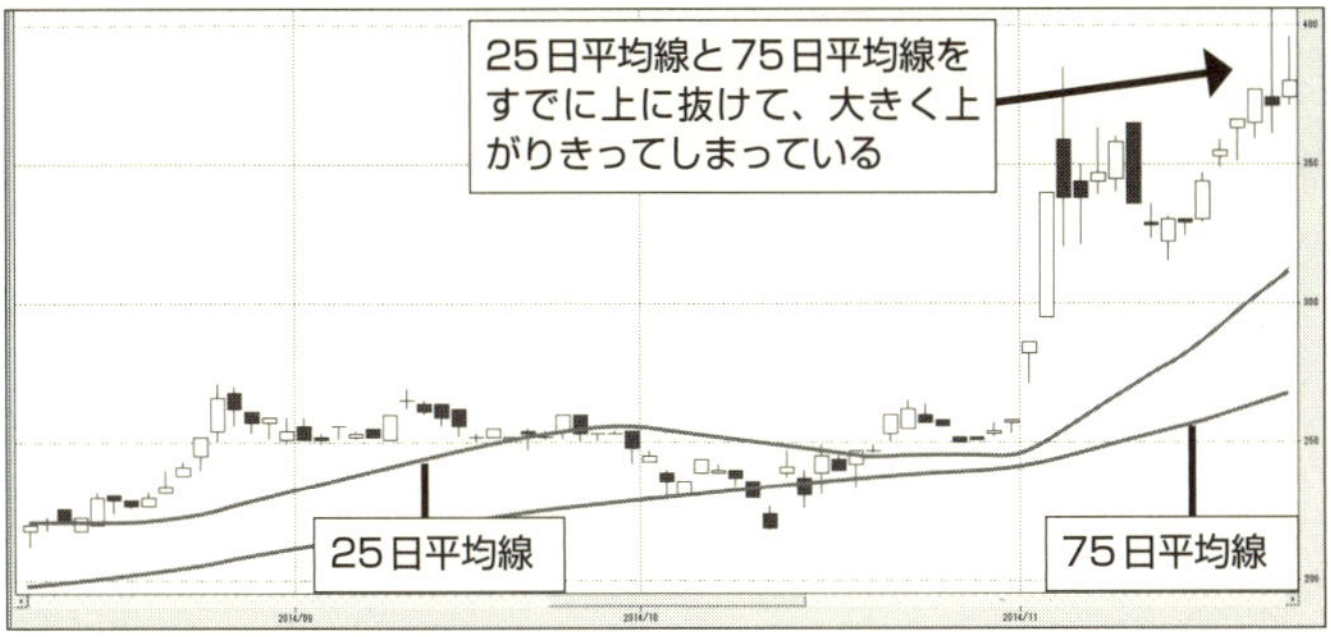
25日平均線と75日平均線を
すでに上に抜けて、大きく上
がりきってしまっている
25日平均線
75日平均線

■ 25日線と75日線から株価が大きく下に離れてしまっている銘柄

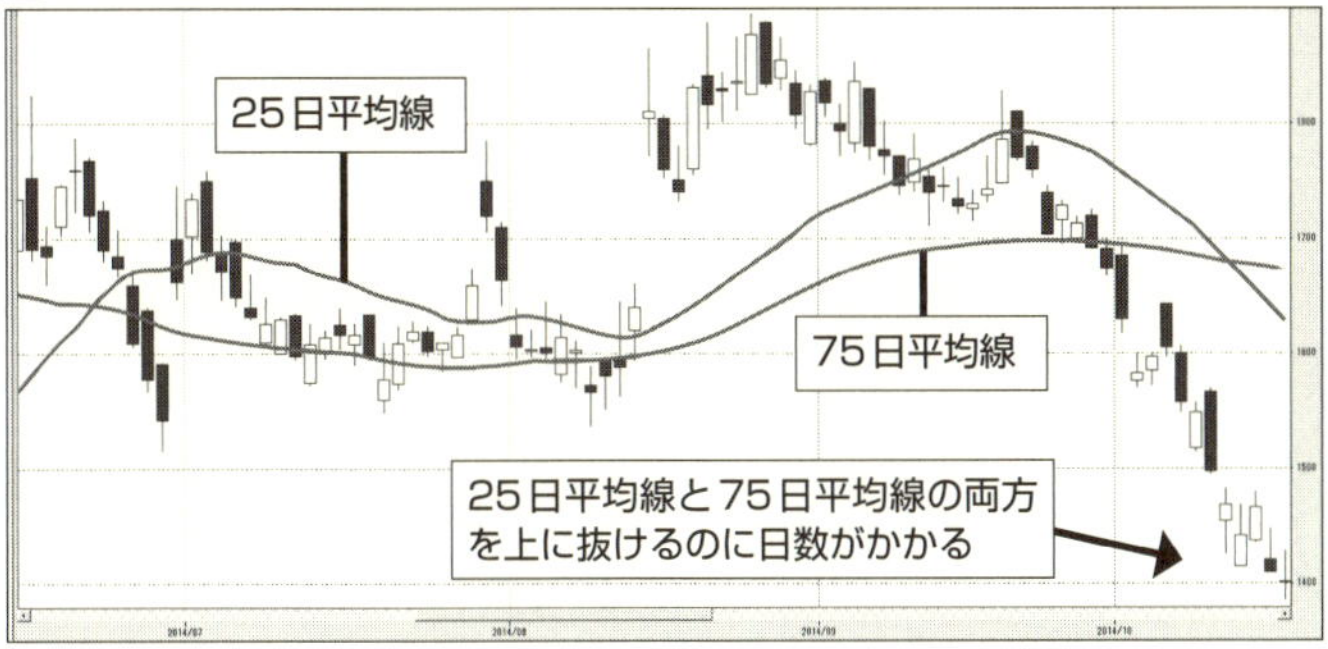
25日平均線
75日平均線
25日平均線と75日平均線の両方
を上に抜けるのに日数がかかる

■ 25日線と75日線の距離が大きく離れてしまっている銘柄

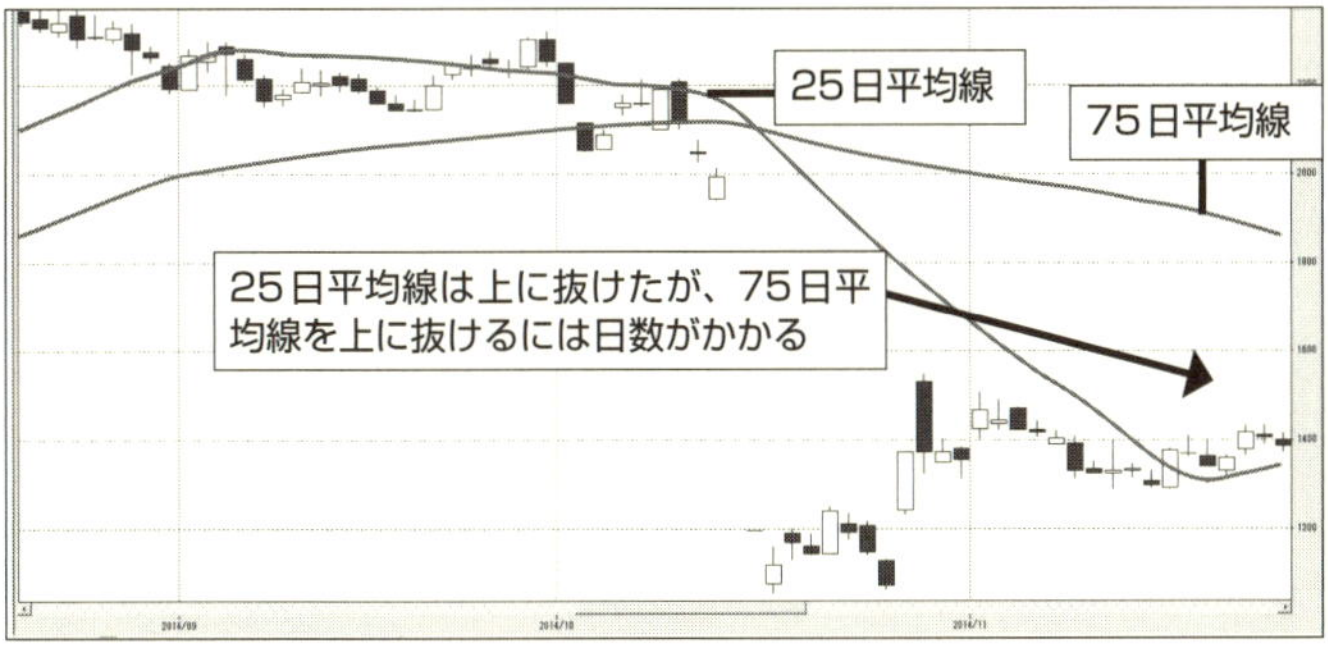
25日平均線
75日平均線
25日平均線は上に抜けたが、75日平
均線を上に抜けるには日数がかかる

線の上に抜けだけでの買い判断は禁物です。

これらの「観た瞬間に買えない」と判断したチャートは、私の買いパターンではないのはもちろんのこと、私の買いパターンにも近くないので、チャートを観た瞬間に見送ることになります。

このようなチャートの場合は、手をつけずにしばらく時間が経ってから再度確認するのがいいでしょう。

第4章

3ステップで株のトレードを実践！❶

ステップ❶ シナリオチェック

STEP 10

トレードをする前にやっておく ステップ❶ シナリオチェック

⚠ ステップ❶ シナリオチェックの内容（チェック❶ チェック❷ チェック❸）を把握しよう

ステップ❶ シナリオチェックとは、実際にトレードをする前の次の3つのチェック❶ チェック❷ チェック❸をいいます。

チェック❶ 全体の流れを把握
チェック❷ 銘柄チェック
チェック❸ 利益確定と撤退

⚠ チェック❶「全体の流れを把握」の概略を知ろう

各チェックの詳細は、次節以降でお話しますが、ここでは**チェック❶**の全体像を把握しておいてください。

チェック❶では、今後上がりそうな銘柄を探して、買いが成立するまでの流れ（日数や時間）をイメージすることからはじまります。

各作業の流れ全体を理解することはとても重要です。最終的に自分が「どこに向かおうとしているのか？」、その向かう先のために、「今、自分はどこで何をしているのか？」を理解できていないと、利益を生み出すトレードは不可能です。

あなたには、銘柄を選択し、買いという判断を下すのに十分な時間があるでしょうか？

「いつも、仕事に追われて忙しんだよ」というように、時間がない人の場合は特に、今後上昇が見込まれるであろう銘柄を買うまでの具体的なイメージをつかんでおかないと、どのくらいの日数や時間が、何のために必要なのかがわからなくなってきます。

稼ぐことができるいいトレードを進めていくには、買いが成立するまでの流れ（日数や時間の全体像）をしっかり把握する必要があります。

トレードの経験者と未経験者の違いは、この日程や時間的な全体像を把握できているかいないかです。大きな流れをとらえたうえでトレードをするのと、今何をして何が重要なのか把握しないままトレードするのとでは、「精神面」がまったく違います。トレードというものは、「精神面」が非常に大切で、なかでも「平常心」というキーワードがあります。

これが少しでも揺らぐと、いい結果が残せなくなってきます。

この「平常心」については、第5章の STEP 15 で解説します。

⚠ チェック❷「銘柄チェック」の概略を知ろう

チェック❷では実際に銘柄を探し、チャートをチェックする作業をします。ここでは簡単なチェックシートを使いながら、順を追って進めていきます。

⚠ チェック❸「利益確定と撤退」の概略を知ろう

チェック❸では実際に株を買って、利益が出ている場合、その利益をどう確保するのか、逆に、利益が出ていないとき、損をしているときに、どのように撤退していくのかをチェックします。

あなたのトレードの最終目的は何だったでしょうか？

利益を得ることでした。利益が得られない銘柄を売買しても無駄でした。このあなたのトレードの目的は、今後何回でも確認していくので、そのたびに心に誓ってください。**「稼ぐためにトレードをやるのだ」**と。そして、実際の現場でトレードをする前にできる作業については、できるだけ、実際にトレードをする前にしておきます。

これもチェックシートを使って順に作業を進めていきます。

チェック❶ **チェック❷** **チェック❸**は、トレードでしっかり稼ぐことができるように、かつ、その作業効率が高まるように、考慮して組み立てています。

ですから、順番に作業を進めていけば、無理無駄なことをせず、ストレスのない稼ぎを生むトレードができるようになっています。

STEP
11

ステップ①の全体の流れを把握

チェック❶

⚠簡単なトレードカレンダーをつくる

下図を見てください。

これは、あなたがプロ個人トレーダーとして株を買うときの作業内容を図に落とし込んだ簡単な工程表です。これで**①トレードする銘柄の選択をしてから、②全体相場をチェックして、③買い注文入力、④利益確定、撤退**までの流れをイメージしてもらえると思います。いい株さえ見つかれば、最短2日程度で利益が確定することになります。

■トレード行程表

①トレードする銘柄の選択（1日目）

↓

②全体相場チェック（1日目）

↓

③買い注文入力（1日目または2日目）

↓

④利益確定、撤退（2日目以降）

①〜④の行程を繰り返し、トレードする

ただ、いい銘柄が見つかるまでには時間がかかることがあるので、根気強く探すようにしてください。ただ、**ここでいういい銘柄とは優良企業や有名企業のことではない**ですよ！　これは重要なので再確認しておきます。

あなたにとって**いい銘柄というのは、これから上がることが期待できる銘柄**です。そして、いい銘柄がいったん見つかれば、あとはタイミングを見て買うだけです。

いい銘柄を見つけたら、そこは自信を持って迅速に注文を出していきましょう。悩んだあげくに買おうと思ったときには、もうすでに暴騰してしまったというようなことも少なくありません。

銘柄を見つけてから買うまでは素早く行動してください。

そのためには、「審美眼」を備えておき、常日頃から銘柄を選ぶことに慣れておくことが大切です。

審美眼とは本物を見極める目で、詳細は STEP 12 で解説しています。

それでは、各工程それぞれのポイントについて解説していきます。

⚠各工程のポイントを押さえておこう

①トレードする銘柄の選択

具体的な銘柄のチェック方法については、次節 STEP 12 でお話をします。

ここで**重要なのは、いい銘柄を見つけてからの行動スピード**です。

いい銘柄を見つけてから、**シナリオチェック、全体相場チェックまでをできるだけ早くすませることが重要**です。

いい銘柄と判断したならば、「とりあえず、仕掛けてみる！」くらいの気持ちを持ちましょう。

逆に、いい銘柄と判断しない場合は、「絶対に仕掛けない！」という強い意志も同時に持ちあわせてください。

この2つの気持ちの使い分けがとても難しいのですが、今後、非常に大事になってきます。

②全体相場チェック

具体的なチェック方法については、後ほどお話をします。

この作業は地味ですが、非常に大事です。

今、あなたは株を買ってもいい時期なのか？　それとも、買ってはいけない時期なのか？　あなたの買いの判断は正しいかどうか、成功するしないかを分ける大きな分岐点になります。

このチェックが終わると、いよいよ個々の銘柄の買い選定です。

③買い注文チェック

まず買う前に、あなたのトレードに対する思考法や精神状態がどうなっているのか？　をチェックします。**平常心でトレードを行うことが大切**なので、ここでしっかりと落ち着いて買い注文を行える状態にします。これらをクリアしたら、いよいよ注文の作業です。証券口座にログインし、注文画面を開き、買い注文を入れていきます。

④利益確定、撤退

買ったあとは、ずっと保有するということはせず、利益が出ようと損をしようと、最終的には撤退することになります。利益が出ているときは、「もっともっと上がる！」「自分が売ってから、もしもっと上がったら稼ぎ損ないになる。どうしよう？」という気持ちになります。

一方、損が出ているときは、「もうこれ以上は下がらないだろう」「もう少し我慢すれば、株価は反転し、買い値に戻ってくるだろう」という気持ちになります。

あなたがトレードを普通にやれば、必ず出てくるであろうこれらの感情にどう対処していくのか？　これらについては第６章 STEP 19 で解説しています。

ここでは、一から順番にすべてを理解してもらう必要はありません。

まずは、ざっくりとした流れを把握してさえもらえれば、それでいいと考えています。

トレード依存症に注意

ここまで、トレードする銘柄の選択をしてから、利益確定、撤退までの一連の流れを見てきましたが、この流れを見て、あなたはどう思いましたか？

難しくないですね？　非常に単純だということに気づくはずです。

ただ、単純だからといって、この流れのどこかをひとつでも省いてしまうと、すべてがダメになってしまいます。はじめはゆっくりでもいいので、ひとつも漏らすことなく、確実にクリアしてください。

ところで、この一連の作業をいったんやり出すとどうなると思いますか？

これらをやり出すと、ひと言で言うと「ハマります！」

夢中になり、寝食を忘れてのめり込みます。

そうです。トレード中毒になるのです。

前章で「買い物依存症」の話をしましたが、それと同様にトレード自体に依存してしまうのです。依存しないためにも、トレードをする以外にも友人と食事に行ったり、恋人とデートをしたりと、いつものように生活を送ってください。

どこかのカリスマトレーダーではないですが、「お昼の食事はカップラーメン」なんて、寂しいですよね。そうではなく、あなたには、トレードとプライベートの両方を充実させてほしいと願っています。

STEP 12 銘柄チェック ステップ❶の チェック❷

チャートの審美眼

あなたは「審美眼」という言葉、ご存じでしょうか？

「審美」の意味は、「自然や美術などの持つ本当の美しさを的確に見極めること。また、美の本質・現象を研究すること」です。

そして、それを観る「眼」ということですから、美を見極める眼です。プロトレーダーには、この「審美眼」が必要です。

これから、あなたは上がる期待が持てる銘柄を実際に探していくわけですが、その銘柄とはいわゆる業績のいい銘柄とか優良企業銘柄とか有名企業銘柄をいうのではありません。あなたが探す銘柄は、いいチャートの形をしている（過去に上昇したチャートと同じパターンの）銘柄です。

普段、トレードをやっていると、「これはいいチャートだ！」「上がる！」と思って買っても、上がらずに下がってしまうことがあります。株には絶対はないので、買っても下がることはよくあることですが、こんなことが何回も続く場合は、自分のトレードの力量を疑う必要があります。

これらの失敗が幾度も続くということは、決して偶然ではなく、そもそもチャートを見極める眼がないということになります。

でも、安心してください。**日々訓練することで、あなた自身の「審美眼」がいいものへと変化していきます**。

次ページの２つのチャートを見てください。これらを見て、どう思われますか？

図❶のほうが「美しい」と思うのではないでしょうか？

図❷は「汚い」と思うのではないでしょうか？

そして、何よりも美しいほうの動き方のほうがわかりやすくないでしょうか？

このように株価チャートというものは、「絵」に近い芸術的なものがあり、美しいものの動きのほうがわかりやすいのです。

私は「チャートはアートだ」ととらえるようにしています。

そのアートを見極める眼がチャートの世界でいう「審美眼」です。

審美眼はすぐに身につくものではなく、数多くのチャートを観ることによって、だんだんと養われていきます。最初はどれも同じように見えるチャートですが、いずれひと目で「美しい、上がるチャートだ！」ということがわかるようになります。

ただ、むやみに観ていくだけだと、時間の無駄になるので、これからあなたが探さなければならない「美しい、上がるチャート」の絞り方を伝

■「美しい」チャートかどうか

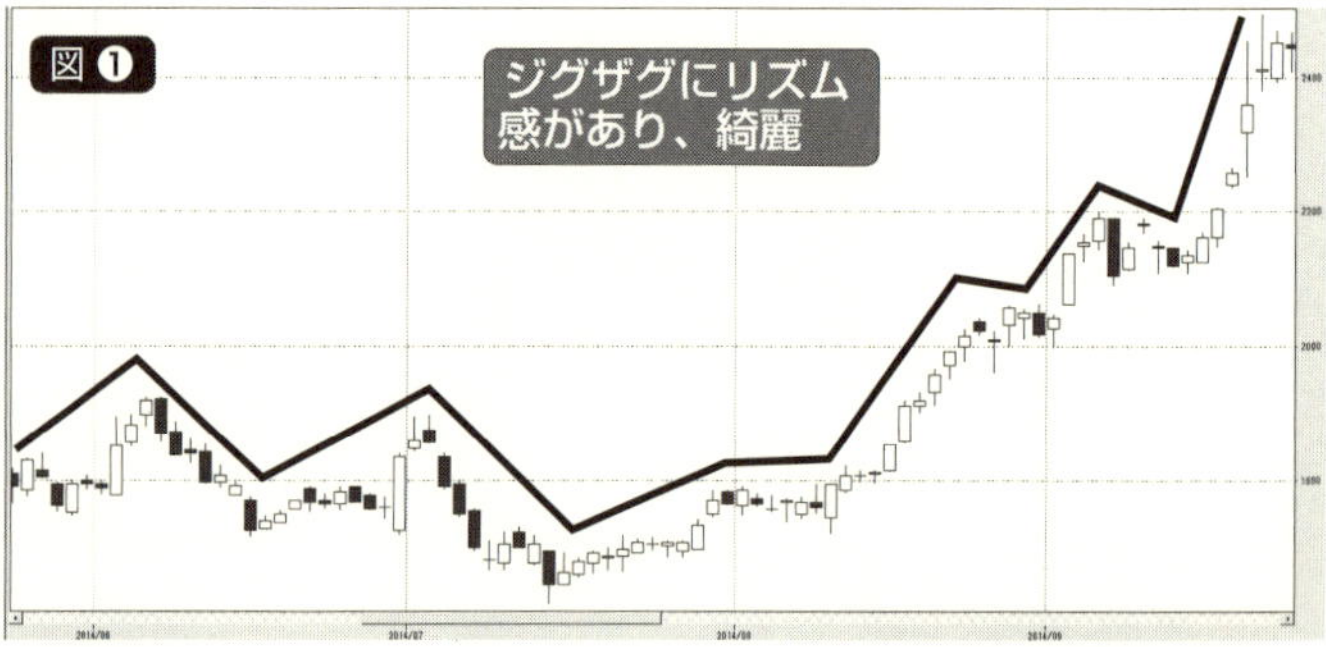
図❶
ジグザグにリズム感があり、綺麗

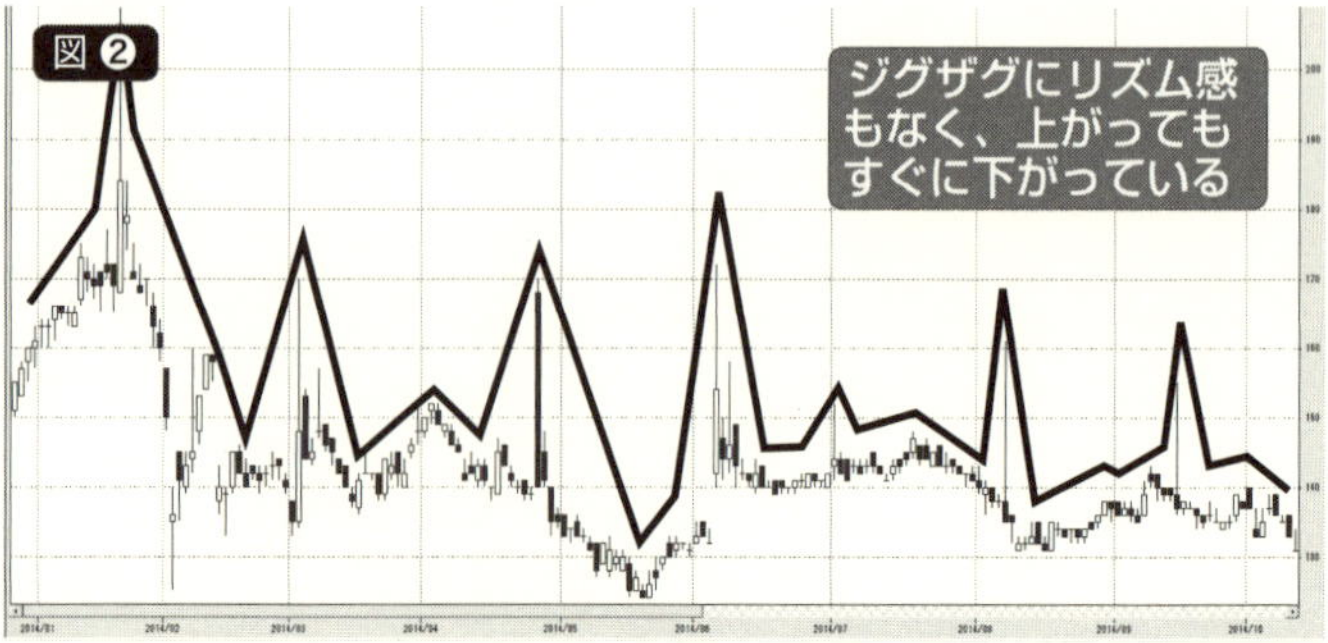
図❷
ジグザグにリズム感もなく、上がってもすぐに下がっている

授していきます。

⚠「検討市場」と「ねらう銘柄」の決め方 ～上昇しやすい市場に注目する～

チェック❷ 銘柄チェックには、大きく2つのポイントがあります。

> ❶大まかな銘柄検索（1銘柄検索チェックシート）
> ❷銘柄の詳細チェック（2～3銘柄検索チェックシート）

では、まず、❶「大まかな銘柄検索」を見ていき、そのあとに❷「銘柄の詳細チェック」を見ていきましょう。銘柄の絞り方は、次のような手順で行ってください。

> ❶検討市場を決める
> ❷市場の中で銘柄を決める

さて、これからトレードをする銘柄を選ぶのですが、まずは選ぶ銘柄が属する市場を選ばなければなりません。ただ、その市場ですが、日本の株式市場ならどこでもいいわけではなく、その中でも、「ある程度の売買が行われている」ところから選びます。ある程度の売買がないと、自分が買った株をいざ売りたいと思っても、買い手が少ないと売ることができなくなってしまうからです。

売買する市場は「東証一部、東証二部、東証マザーズ、ジャスダックスタンダード、ジャスダックグロース」とある程度の取引量があるところに決めてしまいます。

これで、市場群自体は決まりました。

では次に、この市場群の中からどの市場を選択するのかですが、ズバリ！

「指数のチャート自体が買いパターン、もしくは上昇相場中である市場」がねらうべき市場です。

各市場のチャートはある指数によって形成されています。東証一部の銘柄は日経平均株価やTOPIX、東証二部は二部指数、ジャスダックスタンダードはジャスダックスタンダード指数、ジャスダックグロースはジャスダックグロース指数、マザーズはマザーズ指数になります。これらのチャートが買いパターン、もしくは上昇相場中であれば、その市場に属する銘柄は上昇する可能性が高いという考えです。

なお、指数のチャート自体が「買いパターン、もしくは上昇相場中」であるという判断ですが、個別銘柄を判断するときの考え方と同じです。詳しくは第5章 STEP 15 で具体的な判断方法を解説します。

最後にトレードする銘柄を探し出す作業です。これはチェックシートを使って調べていきます。いよいよここからが株のトレードで核になる箇所なので、チェックシートの項目に沿ってしっかり銘柄を選択していきましょう。

⚠銘柄検索チェックシート活用方法

いざ、「銘柄を探しましょう」と言われても、どのようにして探せばいいのかわからないでしょう。そこで「銘柄検索チェックシート」を活用します。

トレードする銘柄を探す際のポイントは、はじめから一つひとつのチャートを細かく詳しくじっくり時間をかけて観ていくのではなくて、とりあえずは、できるだけ数多くのチャートを片っ端から見ていきます。そうして、少しでも「いいな」と思う銘柄をざっくりピックアップしていきます。

特に初心者ほど、はじめから細部にこだわる傾向にあるので、そうではなく、まずはある程度「いいな」と思われる銘柄を見つけてから、最終的に細かい部分を観て、いい悪いを判断するようにしてみてください。

それでは、実践です！

まず、「ネットストックトレーダーの株価ボード画面」を立ち上げてください。これは後ほど説明しますが、松井証券の有料チャートソフトになります。次に、❷の矢印の箇所をクリックし、「マーケットビュー」を表示させます。「マーケットビュー」の上部左側の「＋」をクリックする（❹）と、❸の図のようになります。下部に「ランキング」がある（❹）ので、その中から銘柄を探し出していきます（❺）。東証一部、東証二部、東証マザーズ、ジャスダックスタンダード、ジャスダックグロースのランキングを順次見てください（❻）。

東証一部の銘柄は多くの場合、ある程度の売買があるので、「値上がり、値下がり、売買高」のランキングを見ていきます。**その他の東証二部、東証マザーズ、ジャスダックスタンダード、ジャスダックグロースについては、「値上がり、値下がり」のランキングの中に、売買があまりない銘柄が含まれることがあるので、「売買高」のランキングのみ**を見ていきます。

銘柄の探し方

❶ ネットストックトレーダーの株価ボード画面を立ち上げる

❷ クリックする

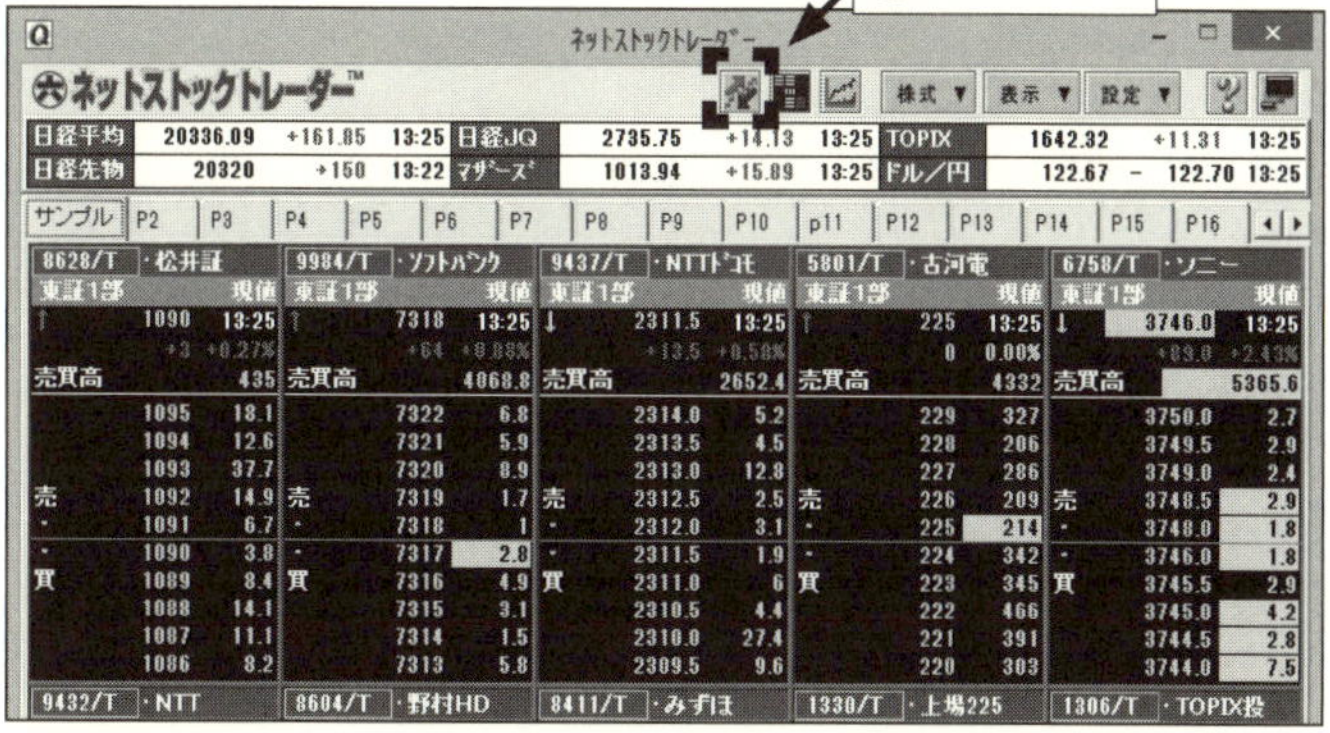

❸「マーケットビュー」画面を立ち上げる

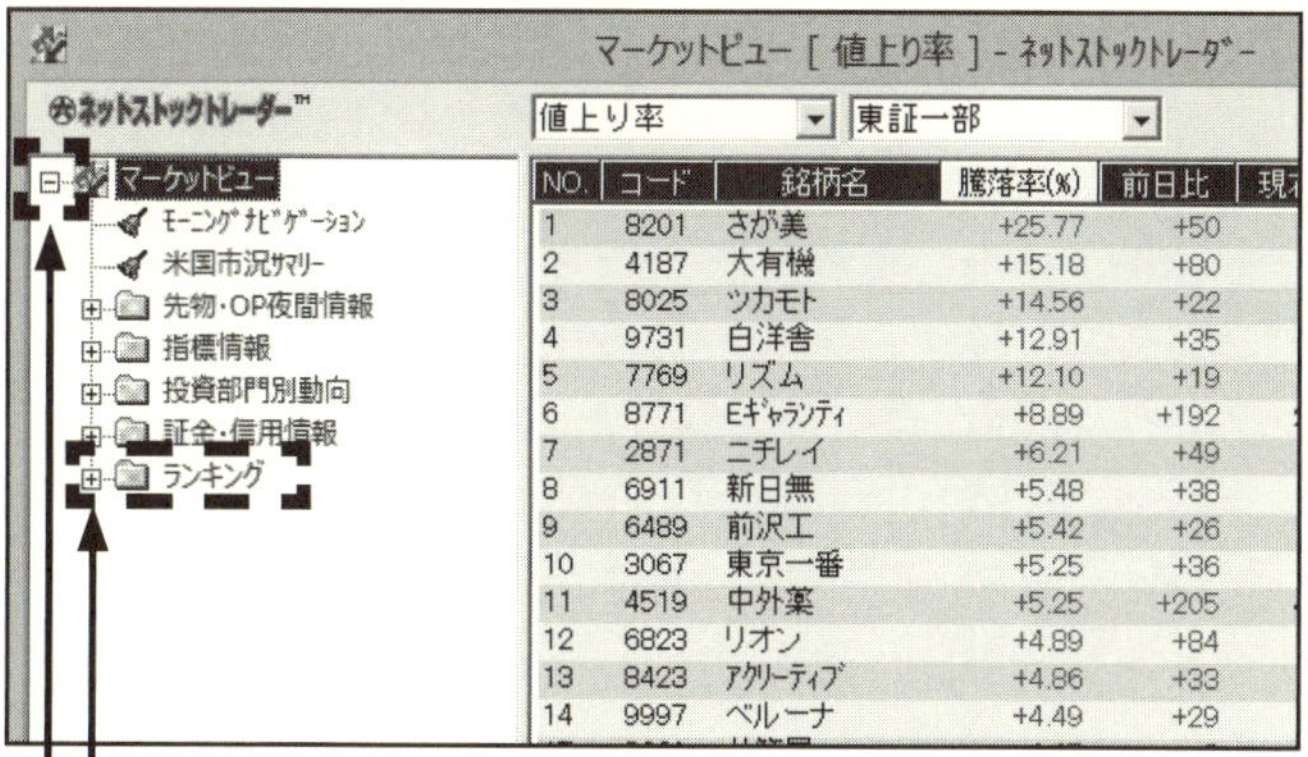

❹「＋」をクリックすると、「－」に変わり、下部に「ランキング」が表示されるので、ランキングの「＋」クリックする

銘柄の探し方（続き）

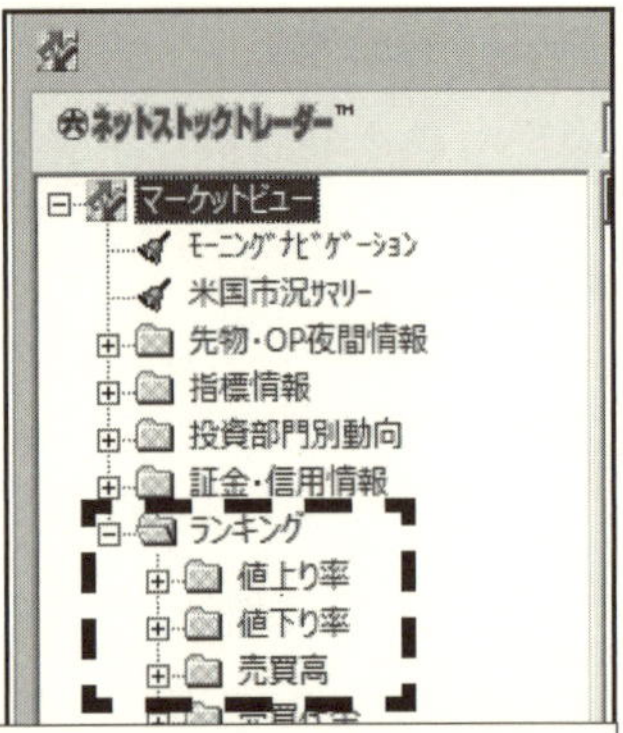

❺ 東証一部は「値上がり、値下がり、売買高」を、その他は「売買高」のランキングを見る。見たいランキングの「＋」をクリックする

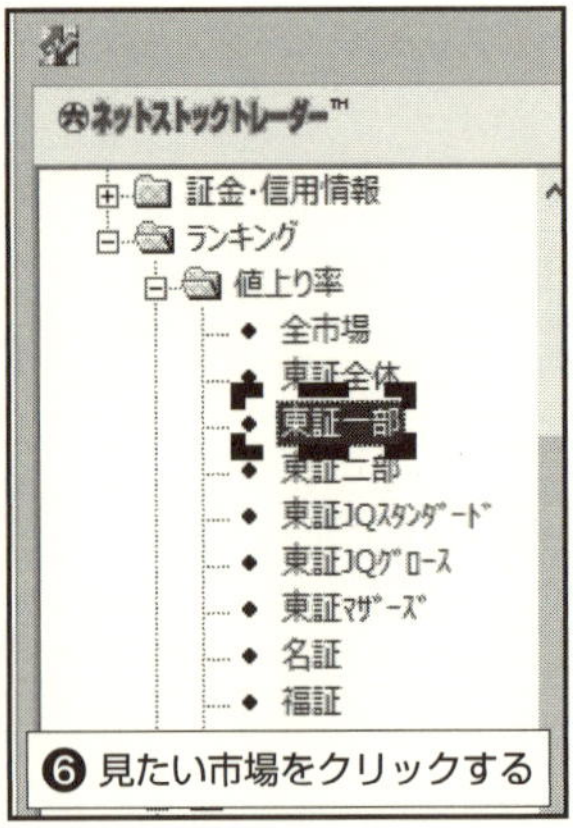

❻ 見たい市場をクリックする

❼ 1 〜 50位までランキングが表示され、ひとつずつチェックしていく

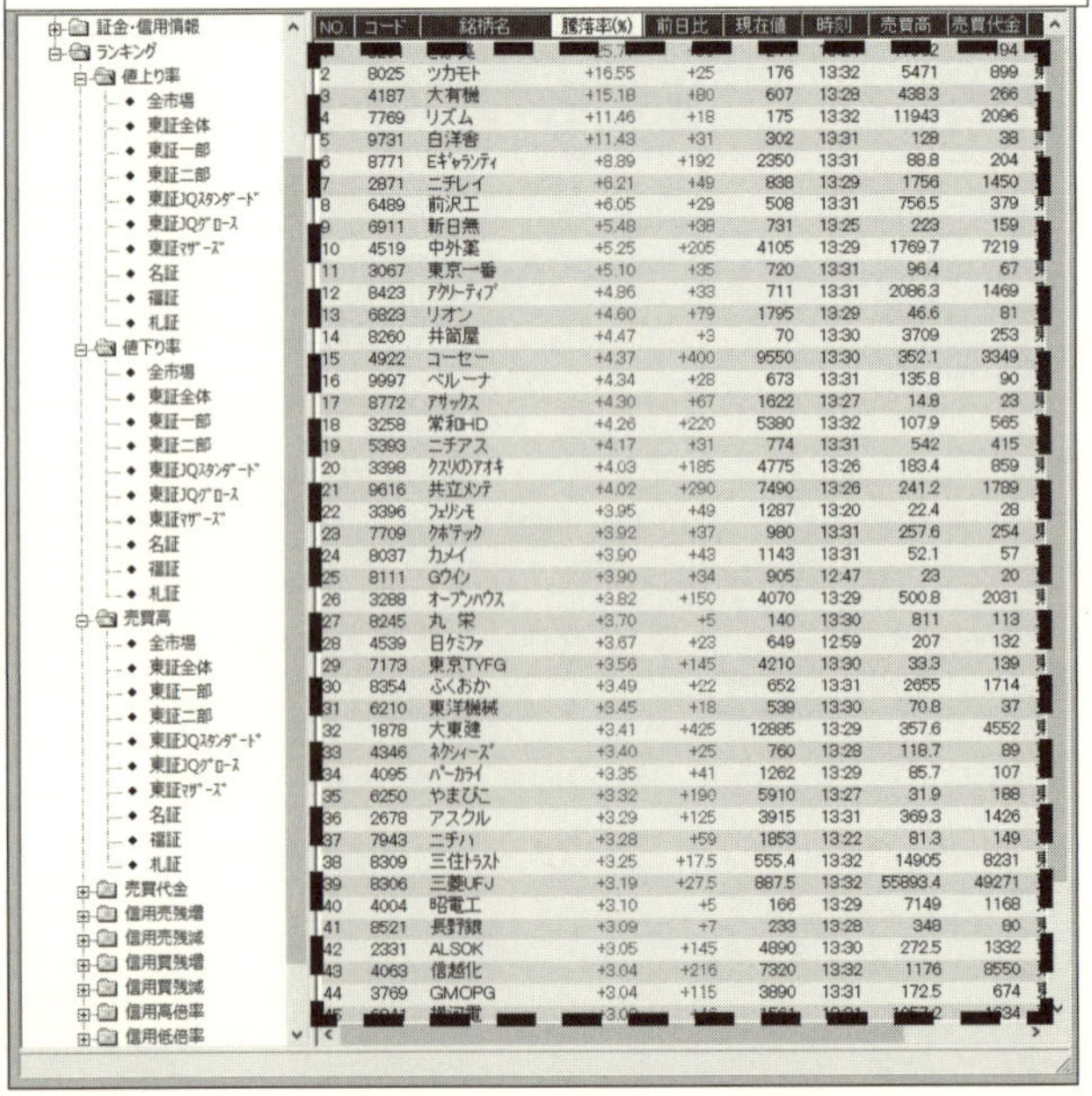

ランキングは1位から50位まであり、上位から順番に見ていきます（❼）。このようにランキングの中から銘柄を絞り込んでいきます。

これで検討市場チェックシート、銘柄検索チェックシート、次にお話するチャートパターンチェックシートをひと通りチェックするだけで、あなたの買い候補銘柄が見つかるはずです。

⚠チャートパターンチェックシート活用方法

では、どのようなチャートを探していけばいいのでしょうか？

買いパターンは第3章 STEP 09 で取り上げましたが、もう1度簡単に復習します。

買いパターンは、75日移動平均線と25日移動平均線の両方を上に抜けたところなので、どちらかの移動平均線の下に株価が位置していなければなりません。また、どちらかの移動平均線から株価が下に大きく離れすぎていても、なかなか買いパターンとはなりません。

できるだけ買いのポイントに近い、もしくはこれから買いパターンなるであろうチャートをピックアップしておきます。

ここで**「明日にでも買える」チャートを探すのはもちろんですが、それだけではなく、「もう**

■ 条件～ 75日線または25日線の下に株価があること～

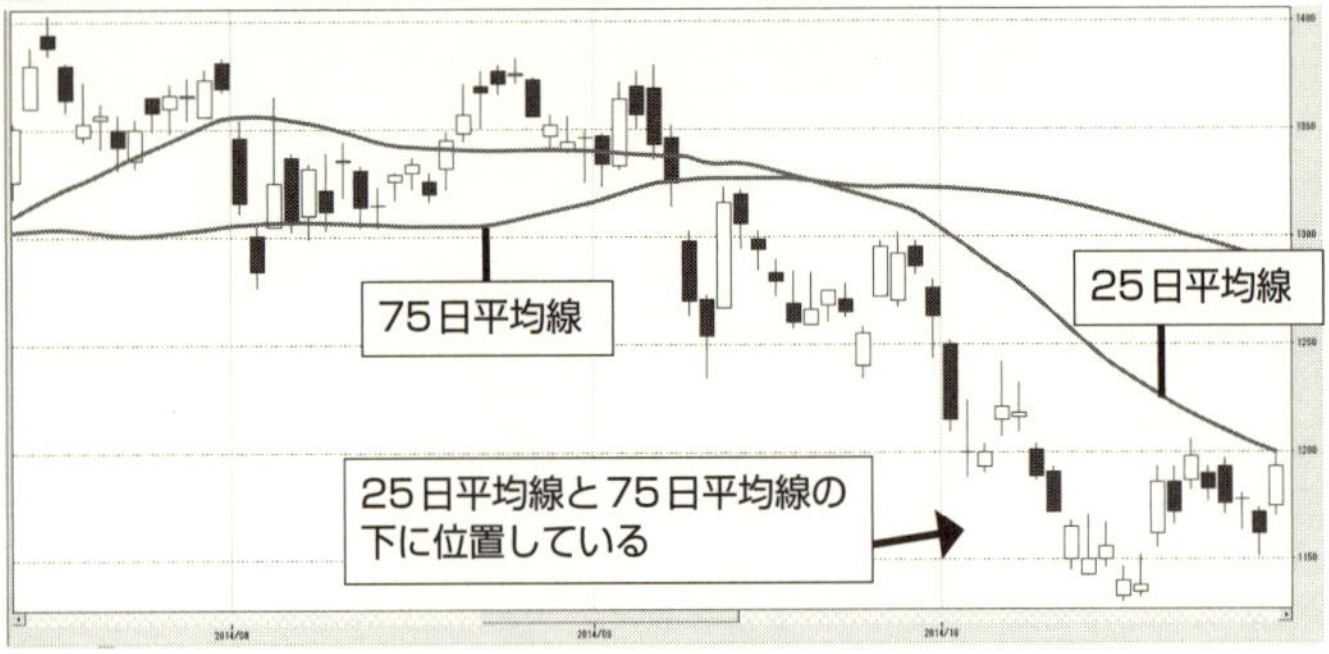
75日平均線
25日平均線
25日平均線と75日平均線の
下に位置している

■ 条件～ 75日線または25日線から離れすぎないこと～

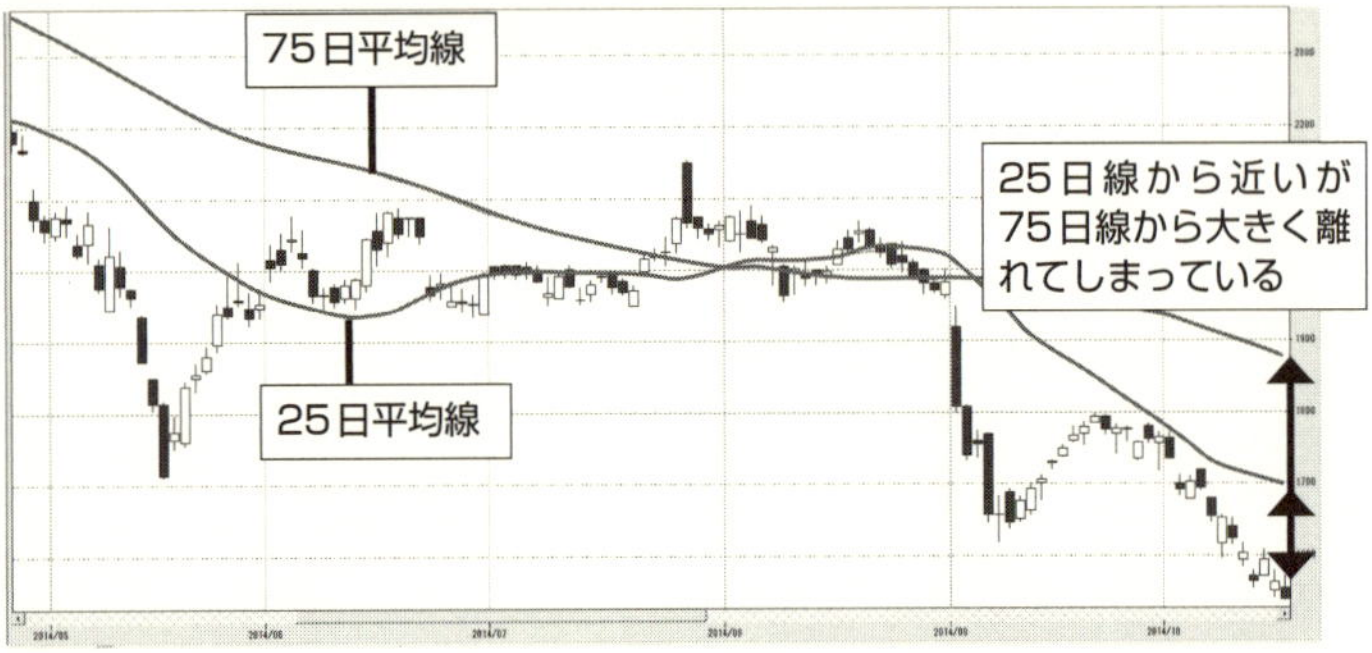
75日平均線
25日線から近いが
75日線から大きく離
れてしまっている
25日平均線

■ 明日にでも買えるチャート、もうすぐ買いになるチャートを探す

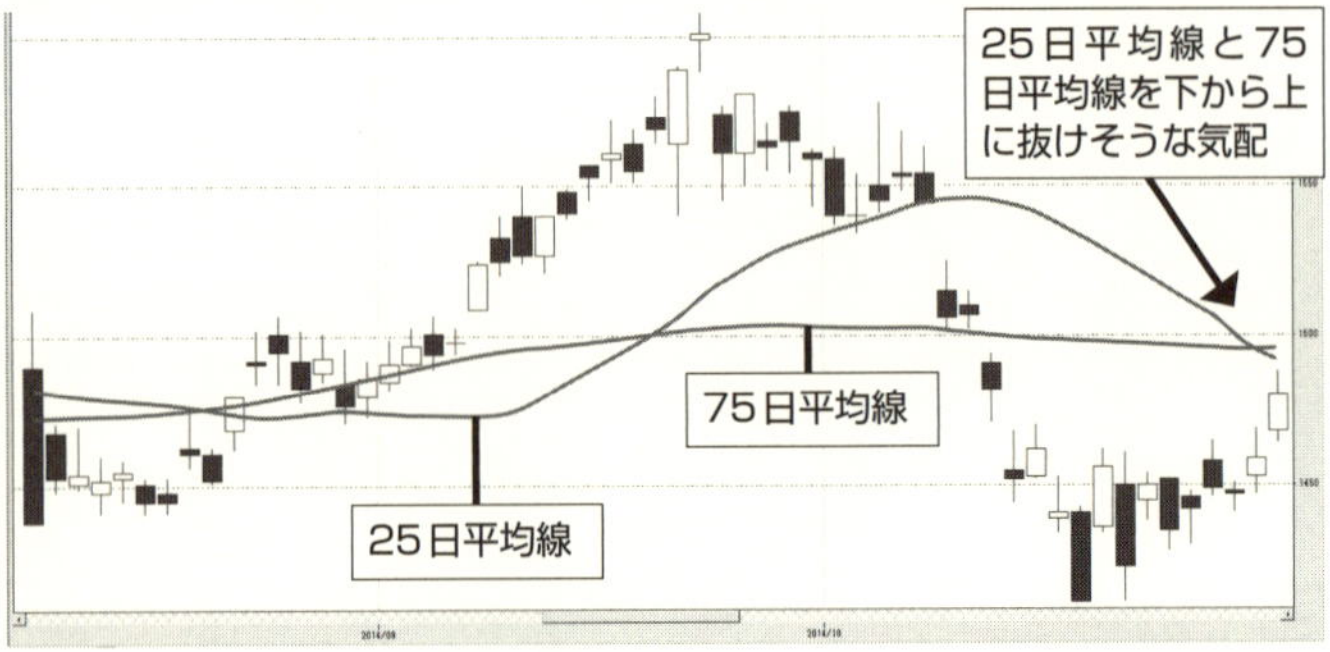
25日平均線と75
日平均線を下から上
に抜けそうな気配
75日平均線
25日平均線

すぐ買いになりそう」というチャートを探しておくことがポイントです。ただ、注意してほしいのは、そのときの相場環境によって、このような**「明日にでも買える、もしくは、もうすぐ買いになりそう」なチャートが数多く出現する時期と、ほとんど出現しない時期があることです。**

チャートを探せば、いつでも万遍なくいいチャートが出現するとはかぎらないのです。

ですから、実際にチャートを探すときの心構えとしては、**「宝探しの感覚」**で探してください。

いいチャートは「すぐには見つからなくてもいいんだ。見つからなくても当然。見つかればラッキー！」くらいの感覚でちょうどいいと思います。

そうでないと、いいチャートが見つからないときに、いいチャートがないということ自体に我慢できなくなってしまいます。我慢ができなくなるとどうなるかというと、いいチャートがないので仕方なく、よくないチャート、悪いチャート、上がらないチャートに手を出してしまい、損することになってしまいます。

この辺りのチェックについては、このあとの STEP 13 で解説していきます。

このステップの最後に、チェックシートをまとめました。チェックシートを使うことで、上昇しやすい銘柄がかなりピックアップできると思います。何度も何度もチャートを観て、チャートを観る審美眼を鍛えてください。

検討市場チェックシート

☑	❶ 市場	東証一部、東証二部、東証マザース、ジャスダックスタンダード、ジャスダックグロースのうちどれか？
☑	❷ 市場の状態	選んだ市場のチャートが買いサインを出しているか？ または上昇相場中か？

銘柄検索チェックシート

☑	東証一部の値上がり、値下がり、売買高ランキングを見たか？
☑	東証二部、東証マザーズ、ジャスダックスタンダード、ジャスダックグロースの売買高ランキングを見たか？
☑	ランキングの１～50位までを見たか？

チャートパターンチェックシート

☑	株価の位置	75日移動平均線もしくは25日移動平均線の下に株価が位置しているか？
☑	株価と移動平均線との距離	どちらかの移動平均線から株価が下に大きく離れすぎていないか？
☑	株価の気配	75日移動平均線もしくは25日移動平均線に近く、両方の移動平均線を上に抜けそうか？
☑	今後の株価	これから買いポイントに近くなることが予想できるチャートか？
☑	チャートの形	いいチャートでないにもかかわらず、トレードしようとしていないか？

コラム　証券会社はどこがいい？

すでにトレードをされている人は、もちろん証券口座をお持ちかと思います。しかし、本書を手に取っている人の中には、「さあ、これからトレードをはじめよう」と思っていて、これから証券口座を開設される人もいることでしょう。

では、どこの証券会社がいいのでしょうか？

証券会社を選ぶポイントですが、基本的にはネット証券であればどこでもかまわないと考えています。

ただ、「逆指値注文」の機能がない証券会社だけはNGです。本書でも触れていますが、この「逆指値注文」があなたの株のトレードにおいて、非常に重要な役割を担っています。利益を確定したり、またはロスカットで損失を限定したりと、特に日中株価を確認できない人にはかかせない注文機能です。裏を返せば、この「逆指値注文」さえあれば、どこの証券会社でもいいと考えています。

私が運営する冨田塾の塾生さんたちには「楽天証券」「SBI証券」「マネックス証券」などの口座を開設してもらっています。また、ネットストックトレーダーを利用するため「松井証券」にも口座を開設してもらっています。ひと言でネット証券といっても、手数料体系や使い勝手はさまざまなので、自分の条件にあう証券会社を探してみてください。

＜楽天証券＞
https://www.rakuten-sec.co.jp/

＜SBI証券＞
https://www.sbisec.co.jp/ETGate

＜マネックス証券＞
https://www.monex.co.jp/

STEP 13 ステップ①の利益確定と撤退 チェック③

⚠利益確定と撤退の際のポイント

まず、利益確定と撤退のチェックシートの内容を説明するので、必要項目を順次記入していきます。チェックシートは STEP 13 の最後にまとめてあります。

⚠トレード資金

あなたがトレードをするときの1回あたりの実際の資金量ですが、1回のトレードに全財産を突っ込んだり、気分次第で多くの資金をつぎ込んだり、少なくしたりするのではなく、キッチリ管理してトレードしてください。利益確定と撤退のチェックシートでしっかり確認しながら、適切なトレード資金を考えていきましょう。

トレード資金は次の式を目安に決めます。

◉トレード資金の目安：「ロスカット金額 ÷ 0.03 ＝ 1回あたりのトレード資金」

ここでの管理のポイントはロスカットの金額にあります。**ロスカットとは、自分自身の意思で損を確定する行為**です。だからこそ、誰しも「実行したくない」ものです。

たとえば、あなたの1万円札を今燃やしてみてくださいと誰かに言われて、即実行できるでしょうか？　おそらくできないでしょう。では、1000円札ではどうでしょうか？　これなら何とかできるかもしれませんね（ただ、できるかできないかの問題で法的にはやってはいけません）。

というように、ロスカットは少ない金額ならすんなりできる場合もありますが、基本的にはできない心情でしょうし、「実行したくない」ものです。

では、どうすればいいのでしょうか？

それはあらかじめ**「あなたがロスカットしてもいい」と思う金額を決めておく**ことです。この金額は人それぞれで、多くの資金を持っている人は、金額が高くなりますし、資金が少ない人は、金額が低くなります。

そして、**ロスカットしてもいい金額が1回あたりのトレード資金の3%**になるようにします。

たとえば、３万円のロスカットができる人であれば、１回あたりのトレード資金は１００万円になります。また、３０００円を超えてのロスカットができない人であれば、１回あたりのトレード資金は10万円になります。

⚠ 目標利益設定方法

あなたが買った銘柄が上がった場合、どこで利益確定するのか？　について解説します。

下の図を見てください。私が思う利益確定目標の数字です。

■ 利益確定目標

トレード期間	確定利益額の目標値
数カ月間	❶ 1回のトレード資金の**10%以上**
数週間	❷ 1回のトレード資金の**3〜10%**
数日間	❸ 1回のトレード資金の**1〜3%**
1日間	❹ 1回のトレード資金の**0.5〜1%**

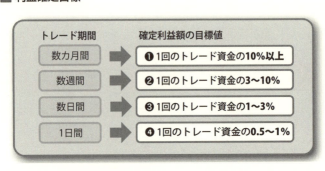

この数字は、トレード期間に対する目標とする利益率で、左記の計算式に当てはめていきます。

◉目標利益＝1回のトレード資金×❶❷❸❹のいずれか

たとえば、資金10万円分の株を買い、数週間で利益を出そうと考えた場合、そのときの目標利益金額は、10万円×「3～10％」なので、3000～1万円となります。

買った株が上昇し、目標とする利益が出ている状況であれば、利益確定してもいいということになります。


「たったこれだけの利益？」

「なにこれ、少なくない？」

「もっと、大きく儲からないの？」

と、今、あなたはきっと思ったはずです。

私自身もこの数字は非常に少ない数字だと思います。

では、なぜ、あえてこの数字なのでしょうか？

この数字は、**「どんな相場状況でも」利益の出せる範囲の設定**としています。

キーワードは、「どんな相場状況でも」です。

私も含め、あなたの目指すトレードスタンスを再確認してください。

「相場状況がいいから儲かった！」「最近は相場状況が悪いから儲からない」というものではありません。

「どんな相場状況でも稼ぐ」です。

ほかの負け組個人投資家のように、相場状況に決して左右されてはいけないのです。

ですから、あえて少なめの目標を設定するようにしています。そうすることにより、**どんな相場状況でも常に利益が転がり込んでくる実現性の高いトレードを継続**できることになります。

⚠撤退方法

あなたが買った株は、必ずしも目標の価格まで到達するとはかぎりません。途中で失速する場合もあります。**株価が失速してきた場合には、必ず1度撤退**します。

下げ止まるまでじっくり待って、反転上昇を再度期待する……のような夢話はほとんどなく、たいてい大損してしまいます。というのは下げ止まるとはかぎらず、どんどん下がる場合もあるからです。このように、トレードの基本を無視した場合にはいい結果が得られません。

大損しないためにも株価が失速し下がってくれれば、必ず1度撤退します。具体的な撤退の方法は、**移動平均線を上に抜けて買ったのですから、逆に、移動平均線を割り込めば売る**ことになります。

もうひとつの撤退の方法は**前日のろうそく足の安値を割り込めば売る**ことにします。今は次の3つのチャートの例で、どういう場合に撤退しなければいけないのかを、目に焼きつけておいてください。この詳細については、のちほど第6章で解説していきます。

移動平均線を割り込んだら撤退する その1

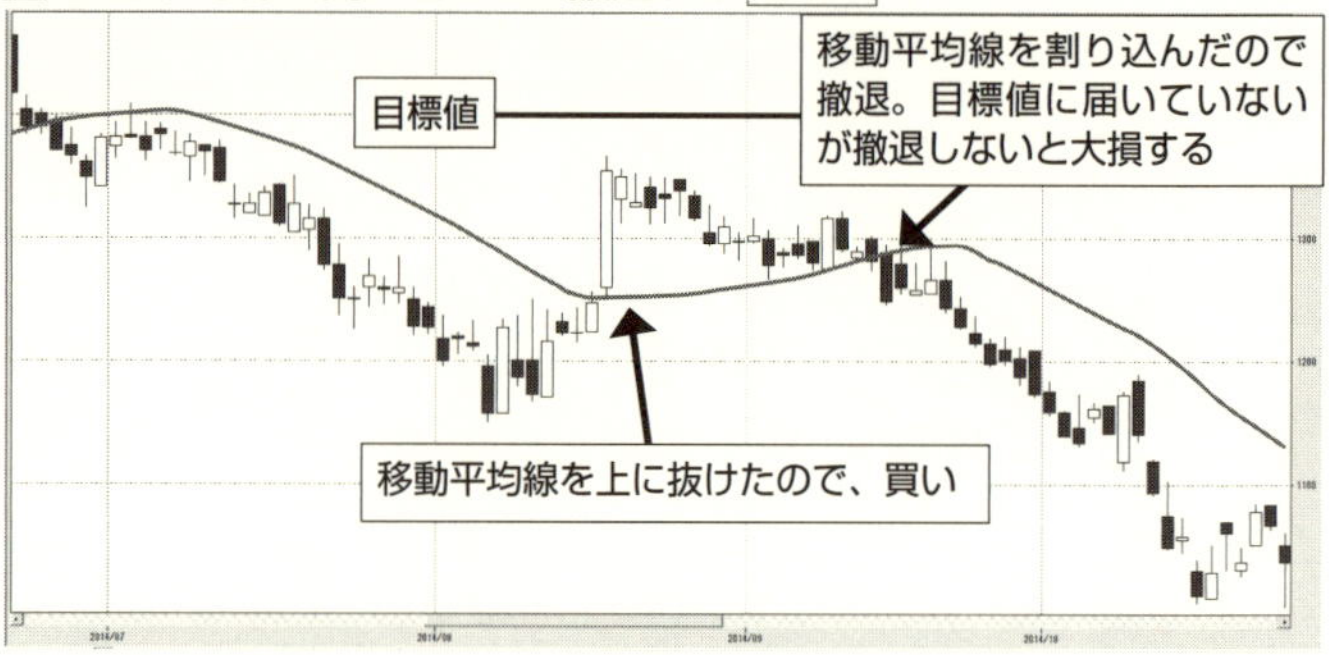

移動平均線を割り込んだら撤退する その2

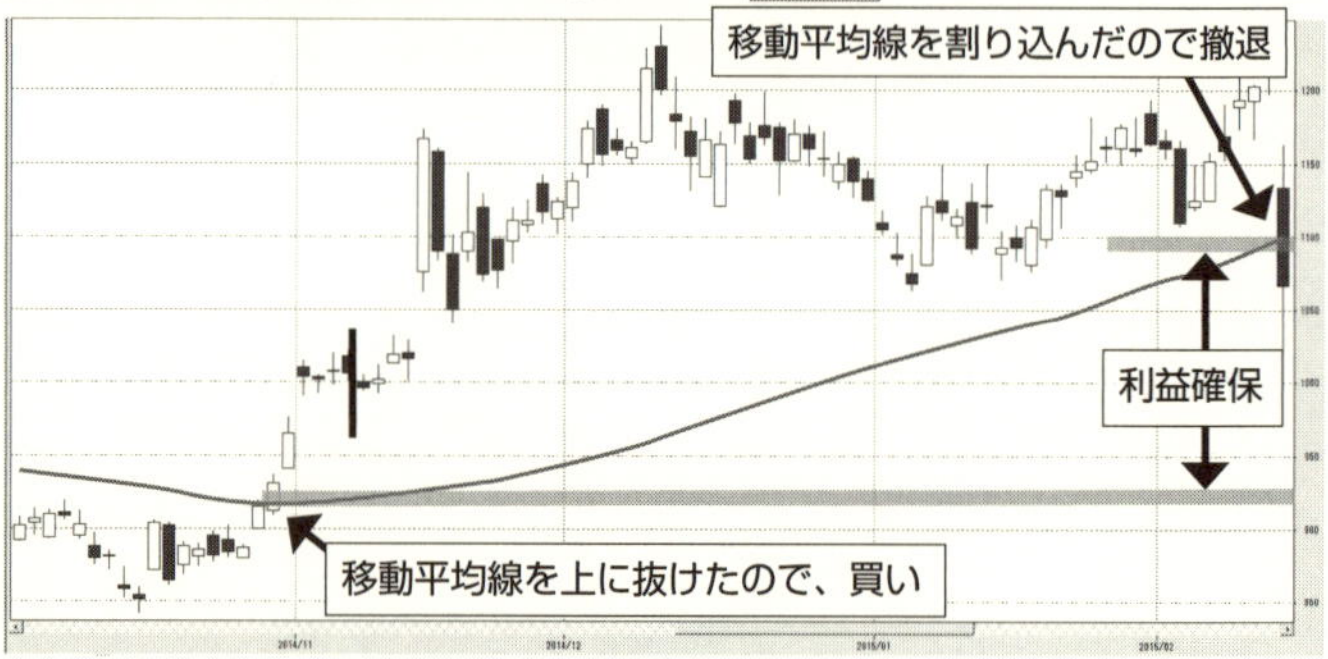

前日のろうそく足を使って撤退を判断する

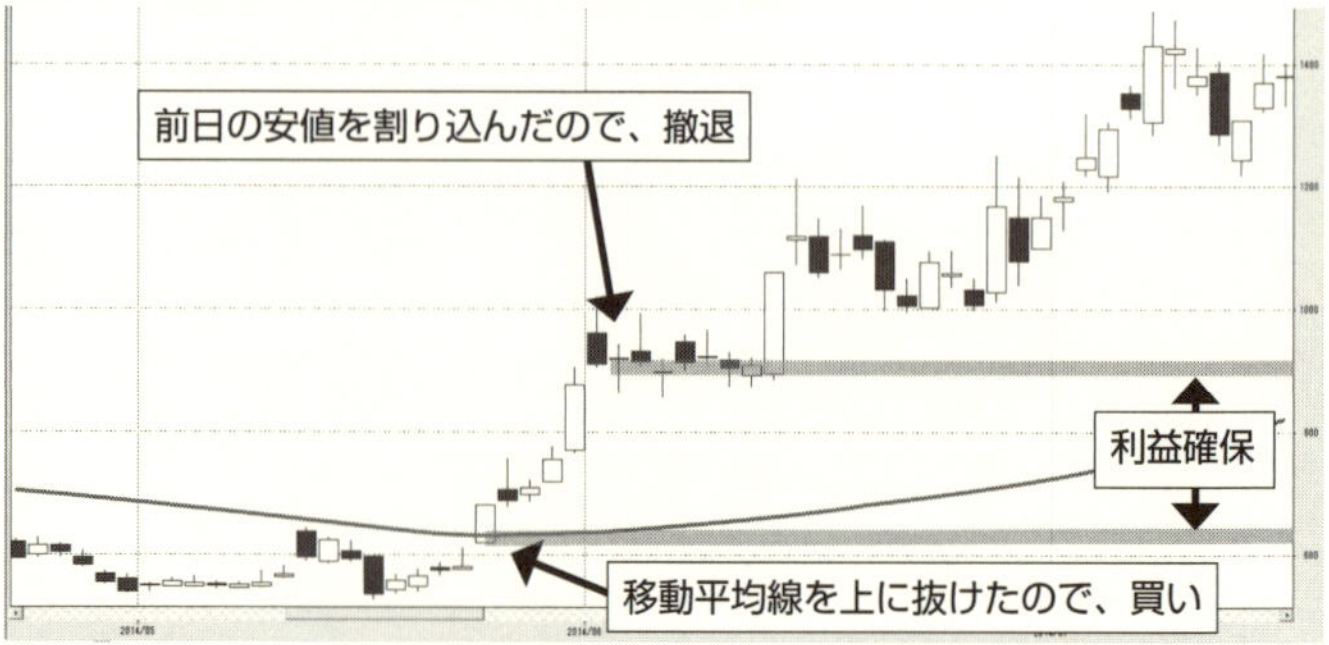

❗利益確定と撤退のチェックシート活用方法

ここでは、利益確定と撤退のチェックシートの記入方法について解説していきます。本書の利益確定と撤退のチェックシートは、初心者でも簡単に使用できるようにしています。利益確定と撤退のチェックシート自体は、付録に用紙を掲載していますので、そちらを利用してください。

まずは、チャートを観ながら、利益確定と撤退のポイントの設定に慣れていってください。設定作業の数を多くこなしていくと、徐々に利益確定と撤退のポイントがわかってきます。慣れてくると、チャートをパッと見ただけで、利益を伸ばしていくことができそうないいチャートなのか、目標はどのあたりなのか、目標に到達せず失速した場合、どのようになれば、撤退しなければならないのか、わかるようになってきます。

利益確定と撤退のチェックシート

1回あたりのトレード資金	ロスカットしてもよい金額 ÷ 0.03 ＝　　　　　　　　円
ロスカットしてもよい金額	円
目標利益	円

❶ 数か月間のトレードであれば、トレード資金の10%以上で可
❷ 数週間のトレードであれば、トレード資金の3～10%まで
❸ 数日間のトレードであれば、トレード資金の1～3%まで
❹ 1日間のトレードであれば、トレード資金の0.5～1%まで

目標利益 ＝ 1回のトレード資金 × ❶❷❸❹のいずれかになっているか？

☑	**トレードスタンス【その1】**	「相場状況がいいから儲かった！」「最近は相場状況が悪いから儲からない」となっていないか？
☑	**トレードスタンス【その2】**	「どんな相場状況でも稼ぐ」相場状況に左右されないトレードになっているか？
☑	**撤退準備【その1】**	買った株が失速した場合の撤退のため、移動平均線を割り込めば、売る準備をしているか？
☑	**撤退準備【その2】**	買った株が失速した場合の撤退のため、前日のろうそく足の安値を割り込めば、売る準備をしているか？

第5章

3ステップで株のトレードを実践！②

ステップ② 実践相場チェック

STEP 14 銘柄の絞り込みから買いまで ステップ② 実践相場チェック

⚠ ステップ② 実践相場チェックの内容（チェック❶ チェック❷ チェック❸）を把握しよう

ステップ②では実際の相場で銘柄をチェックし、株を買います。

今までは、トレードする前の準備作業が中心でした。ここからは、実際の相場でチェックをし、トレードを行います。

まったく知識のない人がいざチャートを目の前にしても、何をどうチェックしたらいいのかわからないと思います。

この章では、実際の相場で具体的に何をチェックするのか、「チェックシート」にしたがって確認していきます。

チェック❶「銘柄を買うまで」
チェック❷「買い注文」
チェック❸「約定時のポイント」

⚠チェック❶「銘柄を買うまで」の概略を知ろう

これから銘柄のチェックをしていくわけですが、私がいう銘柄チェックは、銘柄そのもののチェックではなく、**「チャートの形のチェック」**です。

何度も言いますが、「いい企業だから」とか「業績がいいから」とか、「身近な企業だから」とかの理由で銘柄を選ぶのではなく、株価の上げ下げというものは、最終的に買い方売り方の力関係（需給関係）で決まるので、それを映し出す「株価チャート」を観て、

「買いが多くなってきそうだから買う」
「売りが少なくなってきそうだから買う」
「売りが多くなってきそうだから売る」

「買いが少なくなってきそうだから売る」

こういった理由で銘柄を選びます。

また、自身の思考法とメンタルチェックを行います。これは銘柄のチェック（株価チャートの形のチェック）が終わったら、その銘柄を買うときのあなた自身のトレードに対する考え方や精神状態をチェックしていきます。いざ、トレードをする段階になったとき、銘柄だけをチェックしてひと安心する人がいます。

本当に大切なのはここからで、買いたい銘柄が決まっても、そのときのその人のトレードに対する考え方や精神状態などによってさまざまな行動に分かれます。

「よし、買い注文を入れよう」とすぐ行動する人。

「ちょっと待て」と様子を見ようとする人。

そのときのトレーダーの考え方や精神状態によって、銘柄チェック後の選択肢が変わり、それゆえ、トレード成績にまで影響します。

ですから、銘柄チェックが終わり、買い注文を入れるときは、そのときの考え方や精神状態にも気を配らなければなりません。

自分自身は、今、株を買ってもいい精神状態にあるのか？
トレードに取り組む際の考え方や姿勢は間違っていないのか？
銘柄をチェックすることも大事ですが、それ以上に、**トレードに取り組む際の思考法や精神状態をチェックすることが重要**になります。

チェック❷「買い注文」の概略を知ろう

「買い価格決定 ＆ 期待できる利益のチェックシート」を使い、希望の利益を得られるようにチェックしていきます。

あとは、**いざ買い注文をする前に、改めて、チェックした株がどうなったら買いで、どうなったら売るかというを事前にチェックし、実際に注文を出します。**

これには指値注文と逆指値注文を使います。これらは1度わかってしまえば、なんてことはありません。しかし、どう注文を出していいのかがわからないまま、また間違った理解のままでいると、とんでもない価格で株を買ってしまったり、暴騰する直前の株を買えなかったり、暴落する前に売ることができなかったりして取り返しのつかないことになります。こうならないようにここで**注文の仕方をしっかり理解し、正確に注文を入れることができるようになってください。**

⚠ チェック❸「約定時のポイント」の概略を知ろう

株のトレードが行われた場合、つまり、株が買えた場合と売れた場合を「約定《やくじょう》」といいます。この約定時にどうしなければいけないのか考えてみましょう。株価が思いのほか、上がっていたら？　または下がっていたら？　もし、注文が間違っていたら？　どうしますか？　基本的にはあなたの注文が確定した瞬間、すでにチェック❶チェック❷で考えてきたことを実行し、あとは事前のシナリオ通りに撤退するだけです。

ただ、どんなにしっかり分析して買ったとしても、株価が下がることはよくあります。そのときにどう考えたらいいのか？　どんな心理状況になるのか？

基本的に「買った株は下がるものだ」と最悪のことを想定しておいてください。そうすることで本当に下がってしまった場合でも慌てることなく、スムーズに次の行動に移せます。

あなたの目的はどのような相場状況でも稼ぐことです。そのためには常にリスクを最小限に抑える必要があります。どのような相場状況になっても、リスクを最小限に抑えるために心理面を整えておくことが非常に大切です。

トレード時のあなたの行動や心理状態がよくなければ、得るはずだった利益を逃してしまいます。

こうならないように約定時のポイントをまとめました。

それでは次の STEP 15 から チェック❶ チェック❷ チェック❸ を一つひとつ具体的に解説していきます。

STEP 15

ステップ②の銘柄を買うまで チェック❶

⚠ 買い銘柄の市場のチェックポイント

今、あなたが買おうとしている銘柄が属する市場（東証1部、東証2部、東証マザーズ、ジャスダックスタンダード、ジャスダックグロースのそれぞれの指数チャート）が「上昇中か下降中か？」「今上昇するところか今下降するところか？」もしくは「わからないか？」をチェックしていきます。

まずは、ネットストックトレーダーの株価ボードを見てください。

左図の矢印の位置をクリックする（❷）と「指数の一覧」がプルダウンで表示されます。この中からあなたが買おうとしている銘柄が属する市場を選び出し、そのチャートを観てください。

銘柄が属する市場をチェックする

❶ ネットトストックトレーダーの株価ボード画面を立ち上げる

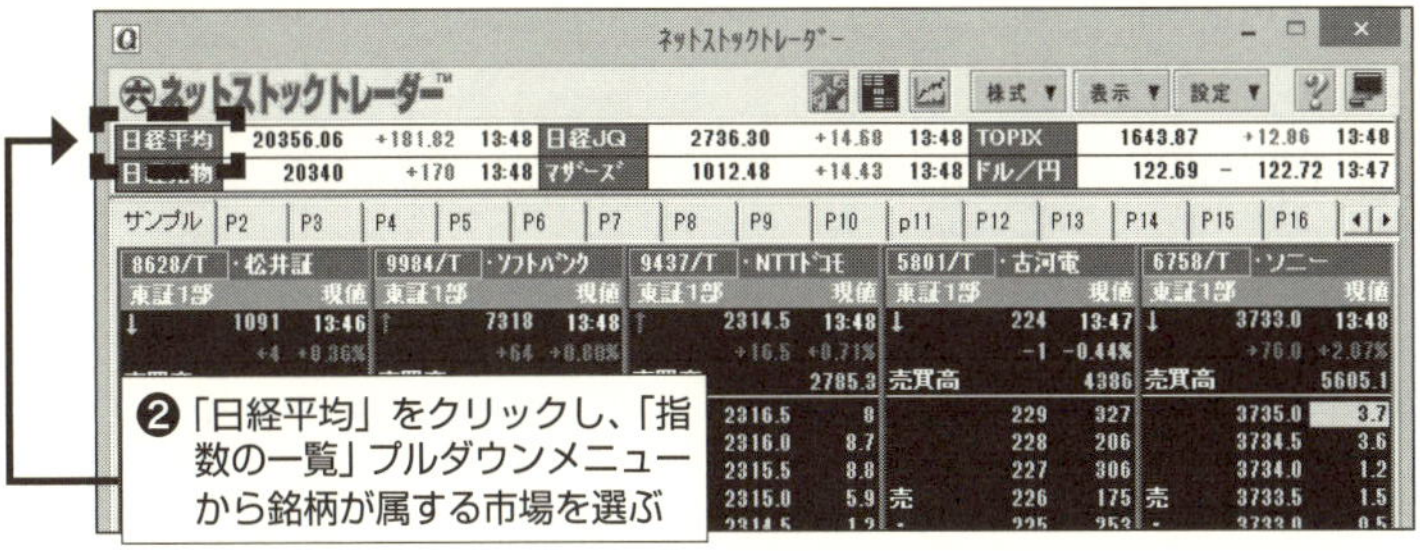

❸ 銘柄が属する市場のチャートを確認する（例：日経平均株価）

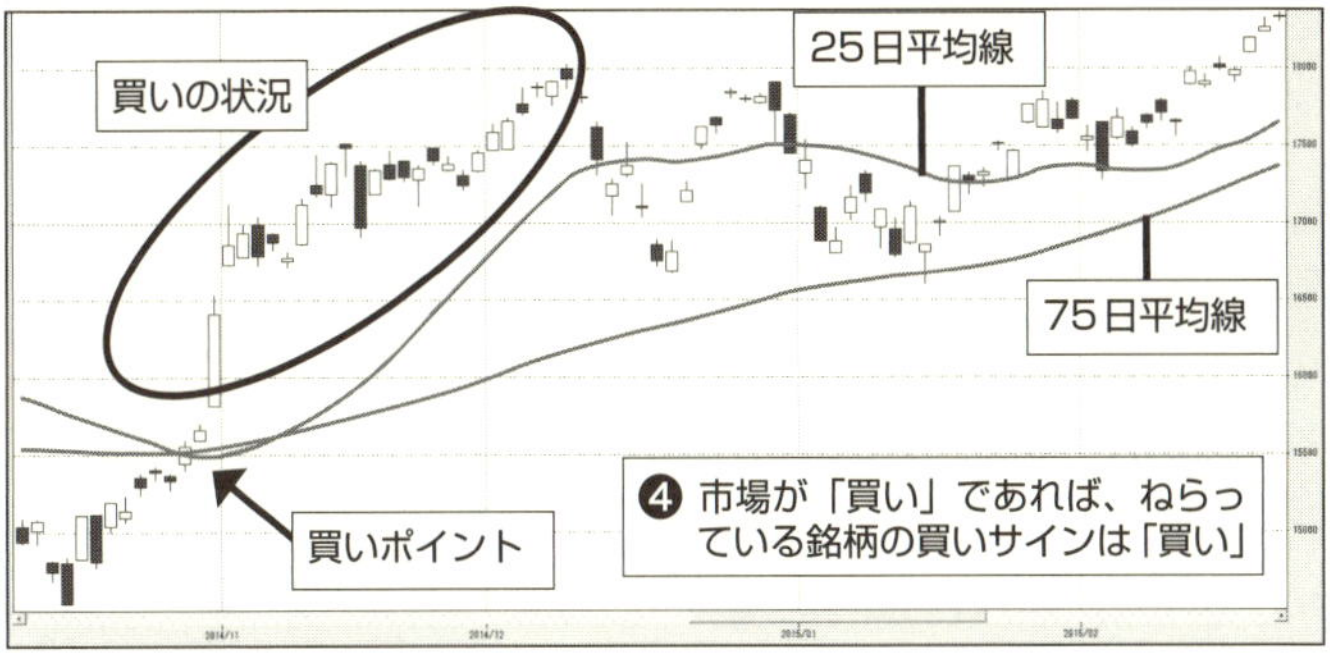

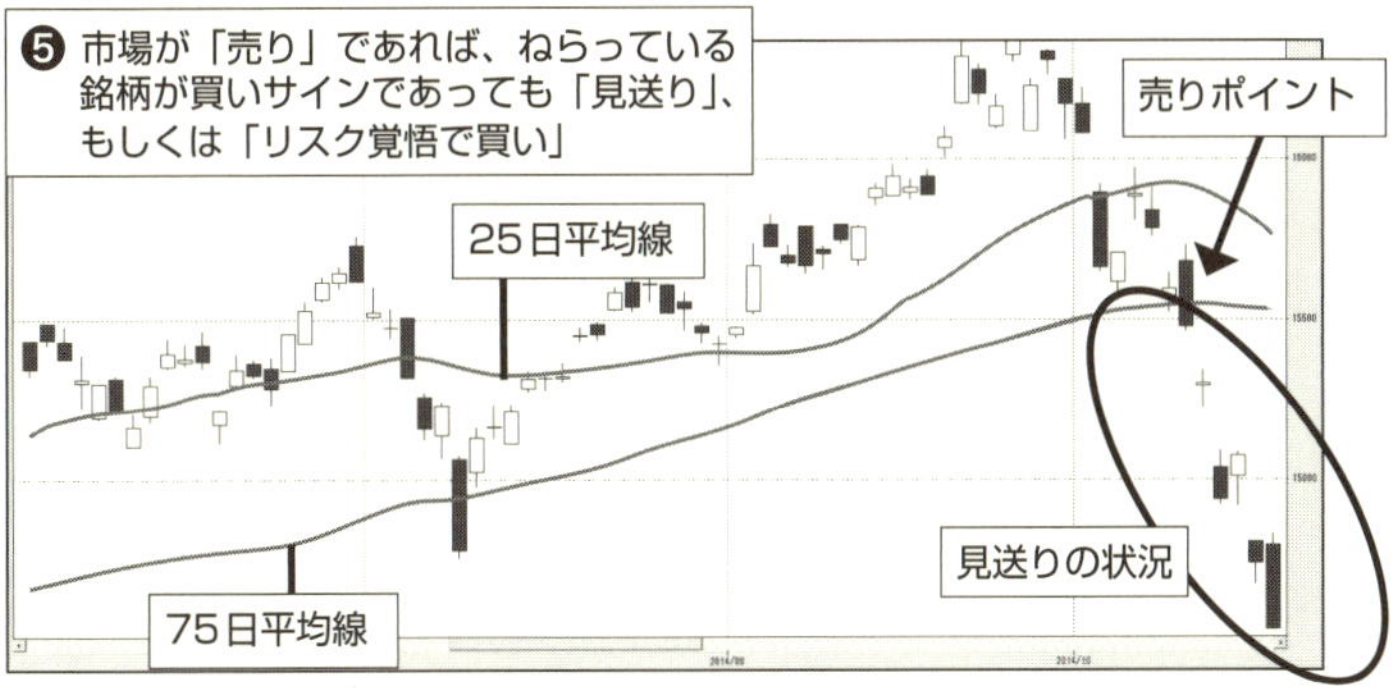

そして、その**チャートの形が、「上昇中もしくは今上昇するところ」であれば、その市場の銘柄はズバリ！　買いの判断**で問題ありません（❹）。ただし、**「下降中もしくは今下降しているところ」または「わからない状況」であれば、買いは見送り、もしくはリスク覚悟で買い**の判断とします（❺）。ただし、あなたがトレードをはじめてから間もないころであれば、リスク覚悟でも、買いは見送ったほうがいいでしょう。

なお、このときのチャートの判断方法は個々の銘柄のときのチャートの判断方法と同じなので、すんなり覚えられると思います。

では早速、判断方法を説明します。

⚠ 75日線の状況のチェックポイント

市場を確認したあとは、いよいよ買いで仕掛けていくわけですが、まずは「75日移動平均線」を見ていきます。

■ 75日移動平均線（=長期線）が上向いているか

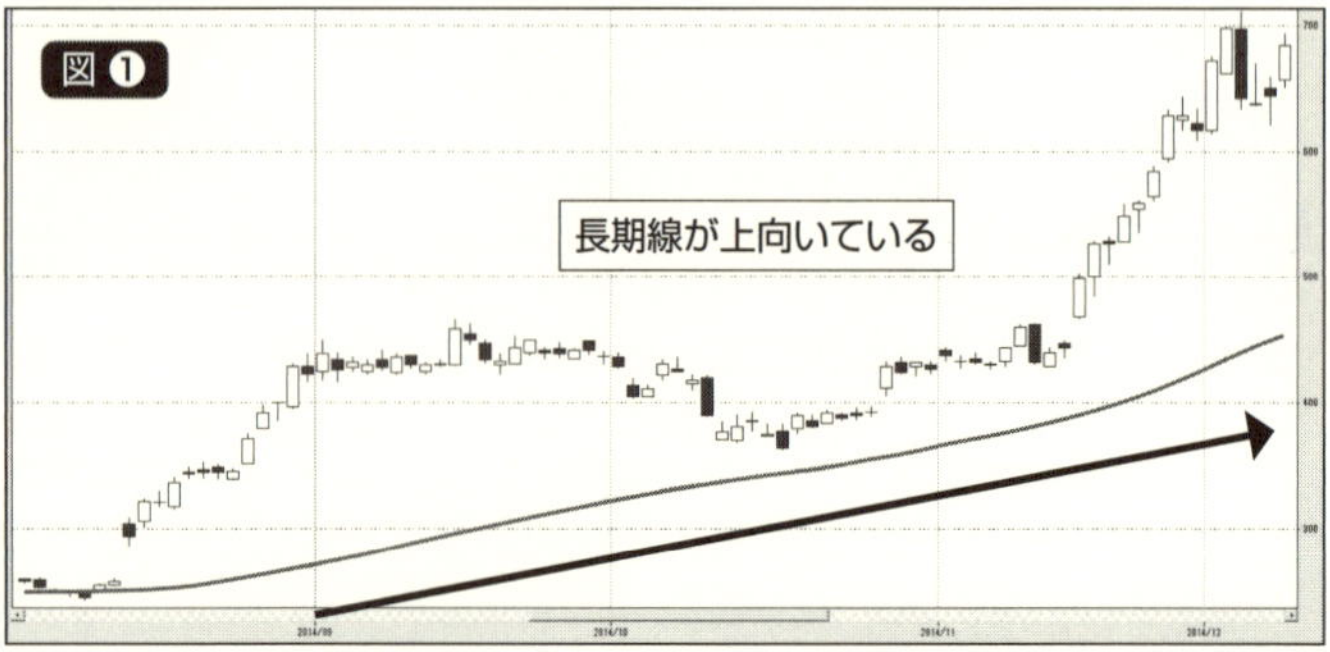

この75日線ですが、本書で使用する移動平均線の中で最も長い日数の移動平均線になるので今後、「長期線」と呼ぶことにします。

チェックのポイントは、**長期線が「上向きなのか」（図❶）、もしくは、「下向きであっても、下向きの角度が緩やかになっているのか」（図❷）をチェック**します。

25日線の状況のチェックポイント

長期線の状況を確認できれば、次に「25日移動平均線」を見ていきます。

この「25日移動平均線」は75日移動平均線より日数が3分の1となり、やや少なくなるので、本書では今後「中期線」と呼ぶことにします。

チェックのポイントは、**長期線の場合と同じく、中期線が「上向きなのか」、もしくは、「下向きであっても、下向きの角度が緩やか**

■ 75日移動平均線（＝長期線）が下向きであっても、下向きの角度が緩やかになっているのか

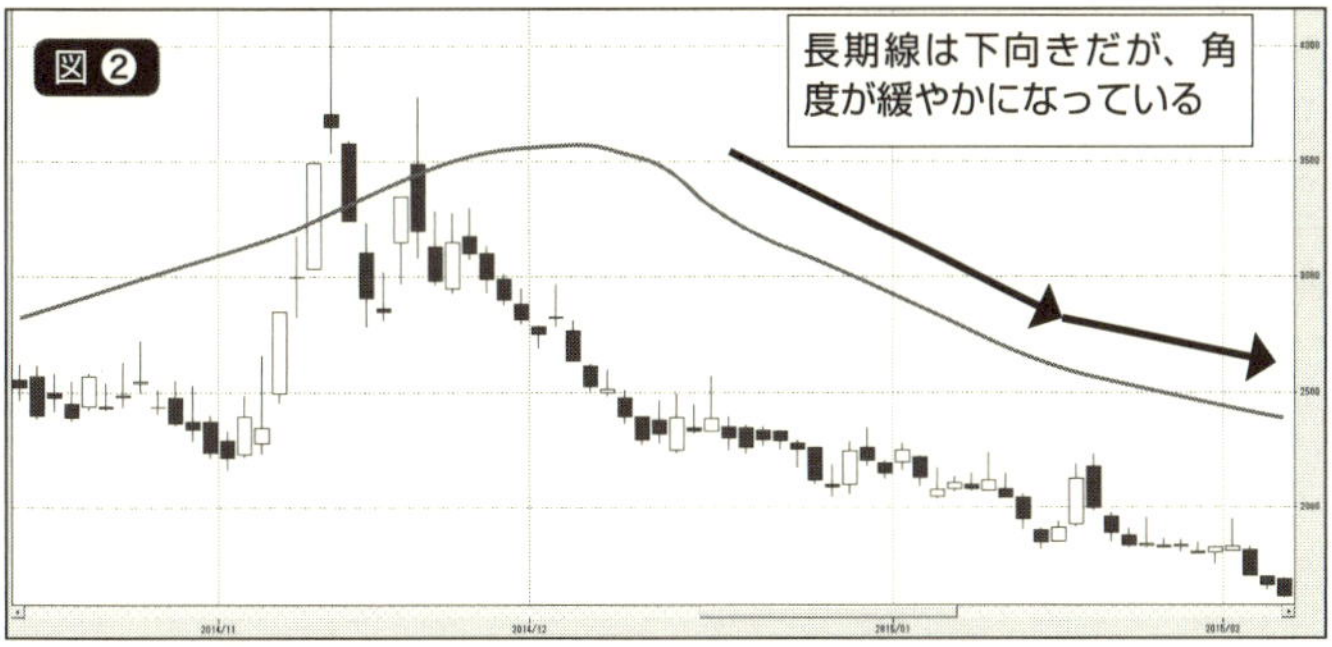
図❷
長期線は下向きだが、角度が緩やかになっている

になっているのか」をチェックします。

⚠ ろうそく足の形のチェックポイント

まずは、**ろうそく足の並びが汚くないかどうかをチェック**します。

「◎いい例」の図を見てください。ろうそく足というものは、日足（1日間の値動きを表した足）の場合、前日の終値近辺から当日の始値が決まる（❶）ことが多いです。

それが「×悪い例」のように前日終値と当日始値が離れた（❷）足になったり、ヒゲが多いチャート（❸）は不安定な状況であり、方向性がないと判断します。これらが多く出てくるチャートは初心者のトレードには不向きで難しいので、慣れないうちは見送りましょう。

■ ろうそく足のチェックポイント

◎ いい例

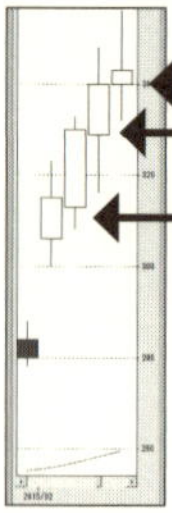

❶ 並びが汚くないかチェック。前日終値の近辺から当日の始値が決まることが多い

× 悪い例

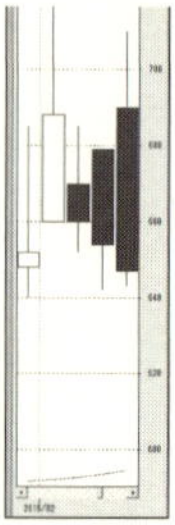

❷ 前日終値と当日始値が離れてしまっている

× 悪い例

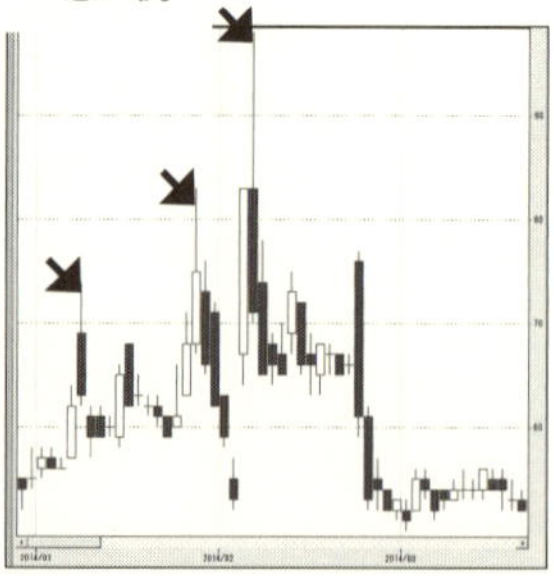

❸ 長いヒゲが多数出ている

⚠日柄のチェックポイント

日柄とは、チャートの横軸のことで日足の場合「日数」を表します。ちなみに、縦軸は「値幅」といいます。その**日柄（日数）が、前回高値から6カ月程度経過しているかをチェック**してください。

⚠自身の思考法と精神状態のチェックポイント

自身の思考法と精神状態はトレードの勝ち負けに大きな影響を与えます。

市場のチャートと個別銘柄のチャートそのもののチェックが終わったら、次は自身の思考法と精神状態のチェックをしていきます。

■ 日柄のチェックポイント

❶「市場のチャートのチェック」
❷「個別銘柄のチャートのチェック」
❸「自身の思考法と精神状態のチェック」

トレードで稼ぐには、トレードそのものの技術だけではなく、トレードに対する自身の思考法と精神状態もとても大切な要素となってきます。

どんなにいいチャートだったとしても、そのときのあなたのトレードに対する考え方が間違っていたり、精神状態が不安定だったりすると、売買でいい結果がでません。逆にチャートそのものがそんなによくなくても、トレードに対する思考法と精神状態そのものがしっかりしていれば、トレードでうまく立ち回ることができるといっても過言ではありません。

思考法と精神状態さえしっかりしていれば、買った株が下がってしまった場合でも売りそびれることなく、うまくロスカットできますし、また、買った株が大きく上がった場合に慌てて早く売ることなく、じっくり保持することもできるのです。

しかし、この思考法と精神状態がよくないとうまくロスカットできなかったり、焦って早く売ってしまったりするのです。

特に初心者の人はトレード技術をどうしても重視してしまい、この思考法と精神状態をあまり重要視しない傾向にあります。しかし、自身の思考法と精神状態はトレードの成績に大いに影響してくるので必ずチェックしましょう。

⚠ 実践相場 ＆ 銘柄チェックシート活用方法

実際の株式相場で初心者の人が銘柄をいざチェックしようとしても、どこからどのようにチェックしたらいいのかわからないでしょう。

そこで、「実践相場&銘柄チェックシート」を活用します。

実際のトレードに慣れてしまえば、このチェックシートを使わなくてもいいと思いがちですが、そうではありません。このシートを使わないと必ずチェック漏れが生じてきます。

特に初心者の人はチェック漏れをなくすために、また、経験者の人であっても自己流（損をしてきた今までのやり方）に流されるのを防ぐために使ってください。

それでは、実践相場&銘柄チェックシートの項目を見ていきましょう。

■ 実践相場&銘柄チェックシート

☑	市場	今、買おうとしている銘柄は東証１部、東証２部、東証マザーズ、ジャスダックスタンダード、ジャスダックグロースのどの市場か？
☑	市場のチャート	市場のチャートは現在、上昇中か？　これから上昇するのか？

☑	長期線	長期線（75日線）が上向きか？　下向きであっても、下向きの角度が緩やかになっているのか？
☑	中期線	中期線（25日線）が上向きか？　下向きであっても、下向きの角度が緩やかになっているのか？
☑	ろうそく足【その１】	ろうそく足の当日の始値は、前日の終値近辺で決まることが多いか？
☑	ろうそく足【その２】	ろうそく足のヒゲが多くないチャートか？
☑	日柄	日柄は前回高値から６カ月程度経過しているか？

⚠自身の思考法と精神状態のチェックシート活用方法

自身の思考法と精神状態をチェックしようとしても、初心者の人はどこからチェックすればいいのかわからないと思います。いざ実際に売買となると、ワクワクドキドキして、通常の精神状態でいられなくなります。ましてや、買ったあとは上に行っても下に行っても思考や心がぐらぐら揺らいでしまいます。

買ってから思考や心がぐらぐらしないために、そして、冷静な判断ができるように、このチェックシートを活用してください。

■自身の思考法と精神状態のチェックシート

☑	今後あなたがトレードを続けていく中で、同じような形のチャートを再度見つけたとき、もう１度この形のチャートを買うか？
☑	以前にも同じようなチャートの形を買ったことがあるか？（トレードを何回か行っている場合）
☑	ただ単にいいと思っただけで、買いの根拠がないのではないか？
☑	いいチャートがなく、無理矢理トレードをやっていないか？
☑	買ったあとは下がることを考え、悪いシナリオを描いているか？
☑	買ったあと、思惑通り上がったら、どこまで上がるか冷静に考え、トレード期間と利益率を考えて、妥当なところに目標を設定しているか？
☑	売り目標はあくまでも目標であって、目標に到達しなくても、ある一定ラインを割り込めば売る準備ができているか？

⚠トレードの再現性を確認しよう

あなたはいいチャートを探し出すことができ、今、トレードをしようとしている状況です。

ここで質問です。

今後あなたがトレードを続けていく中で、次回も今回と同じような形のチャートを見つけたとき、もう1度この形のチャートを買いますか？

買うのか買わないのかを確認しなさい！

「この形のチャートであれば、今後何回でも買いますよ」

というのであればOKです。ぜひ、今回買ってください。

たとえば、あなたが「このチャート、形がいいから買おう」と判断したとします。

そのとき、思い出してみてください。以前にも同じようなチャートを買ったことがあるかどうかを。そして、うまくいったかどうかを。

過去に同じような形のチャートを買って、うまくいった経験があるのであれば、それは「再現性」がある

ということです。

今回のトレードも前回同様にうまくいく可能性が大で、今後何回繰り返しても、成功する可能性が高いということです。

しかし、過去に同じような形のチャートを買ったことがない場合に遭遇することも多々あるかと思います。

そんなときは、今やろうとしているトレードはただ単にいいと思っただけではないということを確かめてください。買いの根拠を言えるか確認してください。

ただ単にいいと思っただけで、買いの根拠がないのであれば、そのトレードには「再現性がない」ということになるので、そのチャートをトレードしてはいけません。そして、さっさとそのトレードをあきらめ、ほかのいいチャートを新たに探すか、ほかにいいチャートがないのであれば「トレードを休む」という判断になります。

決して再現性のないものに手を出してはいけません。

買う直前にはいつもこのことを思い出してみてください。

STEP 16

買い注文 ステップ②のチェック❷

⚠買い注文の際のポイントとコツを知ろう

買い注文のポイントとコツを、実際のチャートを使って説明していきます。

逆指値注文を入れるのか、それとも指値注文を入れるのかを事前のシナリオにしたがって決めていきます。

たとえば、株価が今から動き出そうとするときや動き出してから次の動きに乗るときは逆指値注文を使います。そうではなく、動き出したあと、乗り遅れてしまった場合については、「エイヤー！」と決して飛び乗ったりせず、1度押したところ（下がったところ）で、指値注文を使って買います。

この「押したところ」の「押す」の意味ですが、株価が上昇に転じているもしくは上昇中に、その過程でいったん下げる局面のことです。

このように、いつ・いくらで買うのかを決めるために「買い価格決定 ＆ 期待できる利益のチェックシート」を利用しましょう。

⚠買い価格決定 ＆ 期待できる利益のチェックシート活用方法

チャートがいいと判断し、そのチャートが上昇してきたときに成行注文で果敢に買っていけば、すぐに約定となり買うことができます。ただ、成行注文では、すごく高いところで買ってしまったりすることがあるので、そのまま上がったとしても利幅が減ったり、下がってしまってロスカットになったときの金額が多くなったりします。

では、上昇してきた株を買う際、どこまでなら追いかけて買ってもいいのか？ これ以上追いかけると、高値をつかむのでダメなのか？ 自分なりの買い値幅の許容範囲をしっかり計算することが大切です。

この「買い価格決定 ＆ 期待できる利益のチェックシート」で希望の利益を得るために、株をいくらで買う必要があるのかをチェックします。

ここでチェックした価格をもとに、実際の注文を入れていきます。

■ 買い価格決定 & 期待できる利益のチェックシート

逆指値注文	☑	株価が移動平均線を上に抜けるときか？（逆指値注文）
	☑	移動平均線を上に抜けたろうそく足の高値を株価が上に抜けるときか？（逆指値注文）
	☑	(　　　　　　)円以上になったら(　　　　　　)円で買い
	☑	買い場は移動平均線の上で、移動平均線から３%以内であるか？
		トレード株数は(　　　　　　)株 １回あたりのトレード限度額に株数をあわせたか？
指値注文	☑	移動平均線から株価が上に離れ、乗り遅れてしまった場合は、いったん押したところ（下がったところ）で、指値注文
		(　　　　　　)円で指値買い
	☑	買い場は移動平均線の上で、移動平均線から３%以内であるか？
		トレード株数は(　　　　　　)株 １回あたりのトレード限度額に株数をあわせたか？

⚠買いシナリオチェックシート活用方法

買いシナリオは、このチャートをなぜ買うのかの意思表示です。

初心者の場合、特に多いのが、いざ買うチャートが決まっても、なかなか動けなかったり、早く動きすぎたりと買いのタイミングに悩んでしまいます。

このように悩まないために、チャートを選択したあと、いざ買いの局面になったときに動けるようにしましょう。

⚠トレードを休む勇気

あなたが個人トレーダーとして日々活動し出すと「トレードというものは日々定期的にやらなければならない」という強迫観念にいつの間にか取りつかれてしまいます。

このようなときに、いいチャートがどんどん出現していれば利益

■買いシナリオチェックシート

☑	株価は移動平均線の上下、3％以内か？
☑	買い約定後は、中期長期両方の移動平均線を上に抜けたことになるか？
☑	目標利益はどのくらい見込めるのか？ （短期トレード・中期トレード・長期トレードによって異なる）

がどんどん膨らむので問題ないのですが、いいチャートがまったくない場合でも、無理矢理トレードをやってしまうので、どうしても損失を拡大させてしまいます。

「トレードをしないことには稼げない」と考えて、やってはダメなトレードをやってしまうからです。「トレードをしなかったらお金が増えないじゃないか！」という理屈です。

そうではなく、次のように考えてください。

「トレードをしないということは、絶対に損をしない」ということだと。この思考を持つことができると、トレードの成績がグーンと上がります。

第2章 STEP 05 でも述べましたが、大切なことなのでよく覚えておいてください。

買ったあとは下がることを考えよう

あなたの買った株が、順調に上がれば利益が乗るのでいいのですが、もちろん、下がることもあります。ここで大切なのは、手遅れにならないように、損失が膨らむ前に対処することです。

上がるはずの株が下がったこと自体は大したことではありません。よくあることです。

大切なのは、買ったあとに上がることばかり考えずに、買った瞬間もうすでに心の中では、「下

がるはずだ！　下がったらこうしよう！」というように、悪いシナリオを描いておくことです。

そうすれば、下がっても当初のシナリオ通りなので、決して慌てることはなく、冷静に判断し対応することができます。

⚠買ったあと、思惑通り上がったらどうする？

あなたが買った株がうまく値を上げてきました。そのとき、「さあーどんどん上がれ！」「目標は買値の2倍だ！」「大儲けするまで売らないぞー！」と希望的観測を持ってはいけません。

「どこまで上がるか」を冷静に考えてください。

トレード期間と利益率を考えて、妥当なところに目標を設定します。

長期トレードであれば、利益率は高くてもいいのですが、短期トレードであれば、利益率は低くしなくてはなりません。また、この目標は必ずしも到達するものではなくて、あくまでも目標であって目安にしかすぎません。

「目標まで上がる！」「目標に到達するまでは売らない」ということではなく、「目標に到達しなくても、ある一定ラインを割り込めば売る」

上がった場合の目標到達は大切ですが、それよりも目標に到達することなく、失速し下がってきた場合、どのように撤退するのかのほうがより大事になります。

それでは、注文方法の説明も加え、どのように撤退するのか実例で見てみましょう。

⚠ 指値注文

指値注文とは、予約注文のことで、今現在の株価よりも安く買いたいときや今現在の株価よりも高く売りたいときに使います。下図を見てください。

これは「板情報」といって、個々の銘柄の買い注文と売り注文の指値の状況を表したものです。

次頁の下図は個別銘柄の板情報です。❶671円が現在の価格です。

■ 板情報

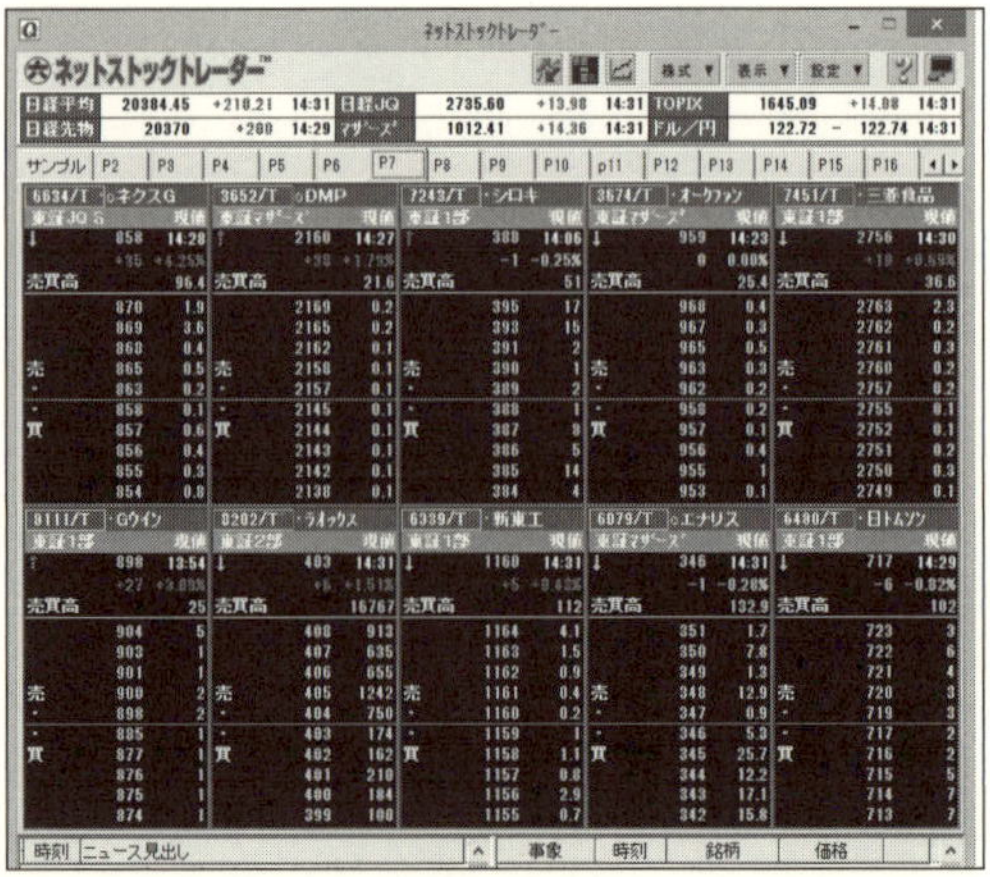

☑ 指値買い

❷671円は、今671円で買いたいと思っている投資家やトレーダーが18万2800株を指値で注文をしている状態です。182・8が株数を表し、一の位が1000株となります。

同様に、❸670円で46万5800株、❹669円で38万7300株を指値で注文をしているという状態です。これを指値といいます。

このとき、指値の中で1番早く買える価格は、1番高く買い提示されている価格の❷671円です。668円で注文を出しても671円、670円、669円と株が売られなければ、668円まで順番が回ってきません。

このような順番待ち状態の注文の仕方が指値注文(買い)です。

■ 指値注文～指値買い～

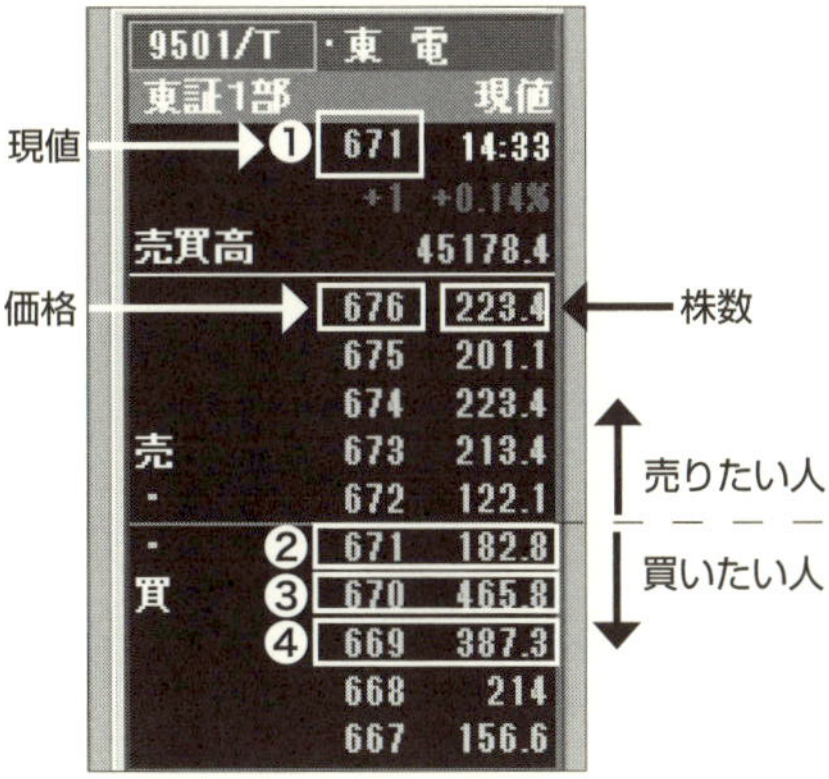

■ 指値注文～指値売り～

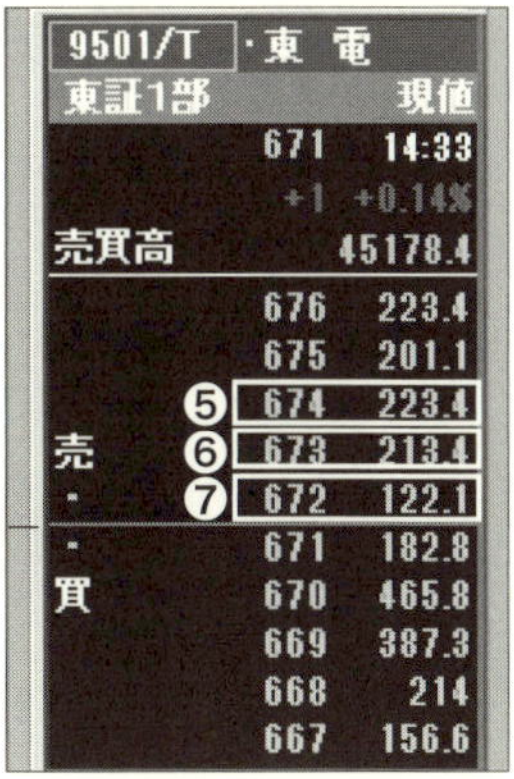

☑ 指値売り

❼672円は、今672円で売りたいと思っている投資家やトレーダーが12万2100株注文をしている状態です。❻673円で売りたい思っている21万3400株を指値で、❺674円で売りたいと思っている投資家やトレーダーが22万3400株を指値で注文をしている状態です。

このような状況の場合、指値の中で1番早く売れる価格はいくらでしょうか?

今1番安く売り提示されている価格の❼672円です。この状況のとき、675円で注文を出しても672円、673円、674円と買われなければ、675円まで順番が回ってきません。

このような順番待ちの状態、これが指値注文（売り）です。

⚠ 成行注文

成行注文とは、読んで字のごとく「成り行き」で、株式市場で日中売買がなされている最中に、**いくらでもいいから「今すぐ買いたい」「今すぐ売りたい」ときに、そのときの相場の成り行きにまかせて買ったり売ったりする注文**です。さきほどの図でいうと、成り行きで買いの注文を出すと、❼672円で買うことができます。この注文が成り行き買いとなります。

また、成り行きで売りの注文を出すと、❷６７１円で売ることができます。この注文が成り行き売りとなります。

このように、成り行きの買い売りは、すぐに買える価格とすぐに売れる価格で取引されます。

ただし、成行注文で大量の株数の注文を出す場合には、このようにはならないこともあり、注意が必要です。

下図を見てください。❽２４５１円に２００株売り注文があります。このときに、成り行き買いを１０００株出すと、２４５１円２００株、２４５２円６００株、２４５３円２００株、買うことになり、売りの指値が安い順番に買われていきます。

このように直近の売り注文の株数が少ないときの成り行き買いは、現値よりも高く買ってしまう局面があるので、注意が必要です。

また、❾２４５０円に１３００株買い注文がありますが、

■ 成行注文の株数が多い場合は注意

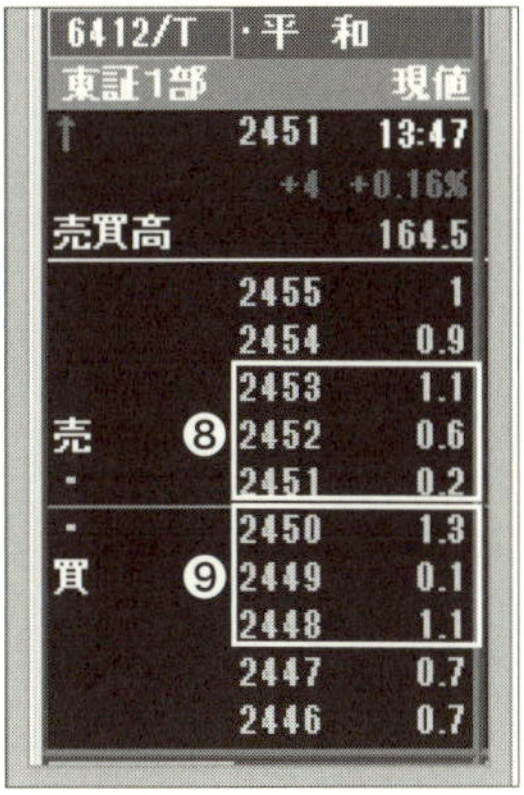

このときに、成り行き売りを２０００株出すと、２４５０円１３００株、２４４９円１００株、２４４８円６００株売ることになり、買いの指値の高い順番に売られていきます。

このように直近の買い指値注文の株数が少ないときの成り行き売りは、現値よりも安く売れてしまう局面があるので、注意が必要です。

⚠逆指値注文

逆指値注文はうまく使うと、リスクを最小限に抑えたり（ロスカット、損切り）、一定の条件になったときに利益を確定することができます（最低限の利益確保）。**「通常の指値注文」とは逆の発想で、指定した価格より株価が高くなったら「買い」、安くなったら「売る」ことができます。しかも、それらの注文が「自動的」に発注できるのです。**

逆指値注文は、あなたが日中の株価を常にウォッチしていなくても、「買いたい売りたい」と思っている価格を証券口座の注文画面から前もって指示すれば、「自動的」に売買を発注してくれます。

ですから、日中は仕事などで忙しく、昼間に株価をずっと見ていることができないサラリーマンやＯＬの人には特にお勧めの注文方法です。

さて、ここから何がいえるのでしょうか？

それは「逆指値注文」を利用すれば、「指値注文」のデメリットを補うことができます。まずは下図で指値注文と逆指値注文の違いを見比べてください。

☑ 一般的な指値注文の場合

下部の上の図を見てください。移動平均線の値が770円の場合、771円で買いたいと思ったら、「手動」で買わなければなりません。指値注文を「手動」で行い、771円で買います。

下部の下の図を見てください。移動

■ 指値と逆指値の違い

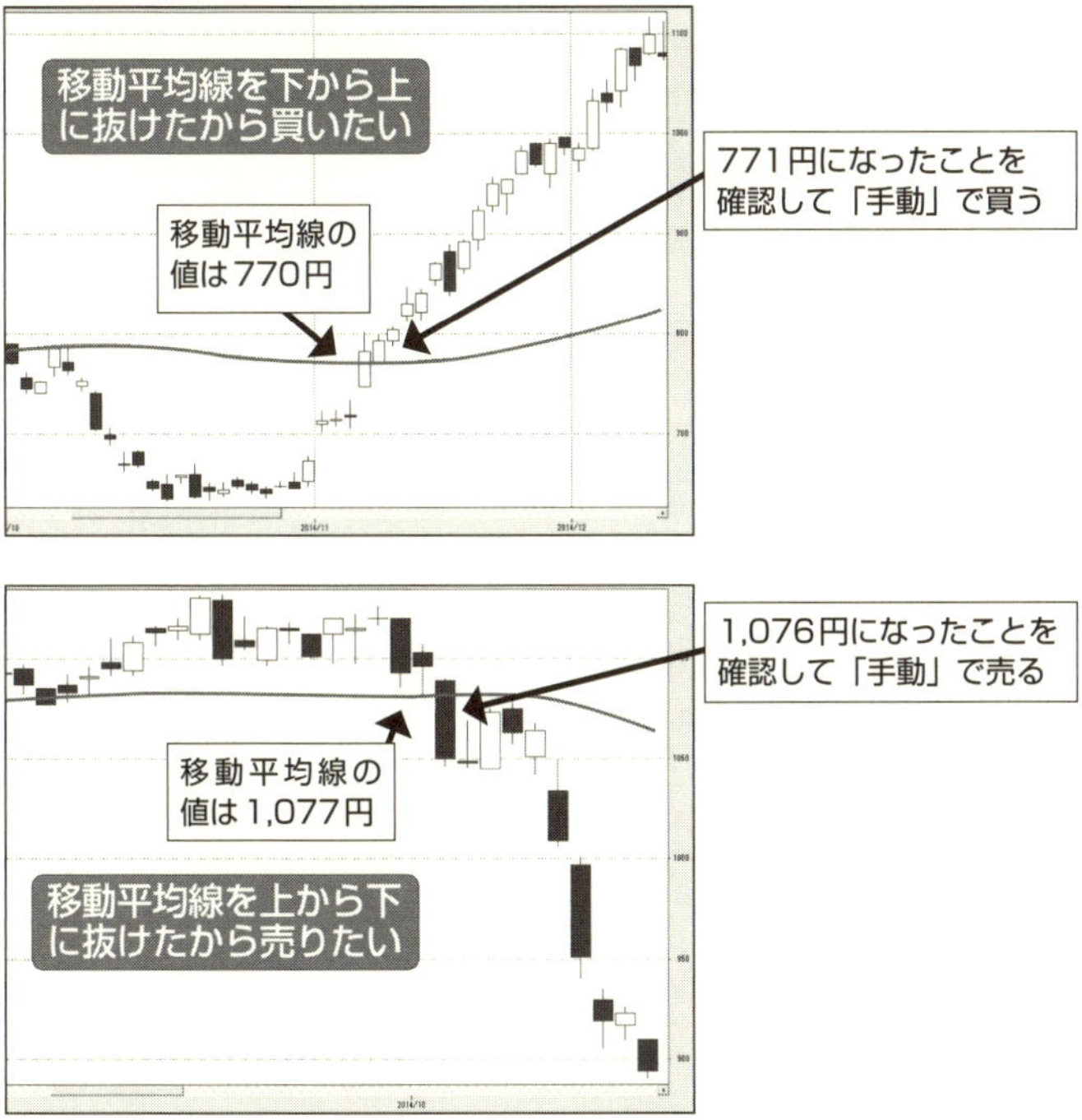
移動平均線を下から上に抜けたから買いたい
移動平均線の値は770円
771円になったことを確認して「手動」で買う
1,076円になったことを確認して「手動」で売る
移動平均線の値は1,077円
移動平均線を上から下に抜けたから売りたい

平均線の値が1077円で、ロスカットをしようと1076円で売りたい場合、指値注文を「手動」で行い、1076円で売ります。

☑逆指値注文の場合

移動平均線の値が770円の場合、株価が771円以上になれば、「自動的」に買うことができます。同様に移動平均線の値が1077円で、ロスカットをしようと1076円以下になったら売りたい場合、「自動的」に売ることができます。

どうでしょうか？　逆指値注文のメリットが理解できたでしょうか？

では、同じ株を買った会社員Aさんと会社員Bさんの事例を踏まえて、わかりやすく説明しましょう。

2人とも買った株をロスカットする場合、「1077円を割り込んだら損切りしよう」とあらかじめ決めていたとします。

Aさんは指値注文を使い、逆指値注文は使いませんでした。すると……「下がったときは1076円以下でロスカットするって決めていたのですが……会社から帰ってくると、なんと950円まで下がっていました。その日は取引が終わっているので、翌日に備えて1076円で売り指値注文を出しましたが、買い手がつかずじまいでした。結局、950円で売ることになってしまいました」。

Bさんは逆指値注文を使いました。すると……「出勤中に株価が下がる可能性もあると思って、あらかじめ1076円以下で「逆指値注文」を出しておきました。そのあと、株価が下がっていき、終値では950円まで下がっていました。でも、1076円で逆指値注文が効いていたので、1076円で売ることができ、大きな損をせずにすみました」。

もし、株価が1076円以下にならず、1100円、1200円と上がっ

■ 指値注文のみ使ったAさんと日中の株価の動き

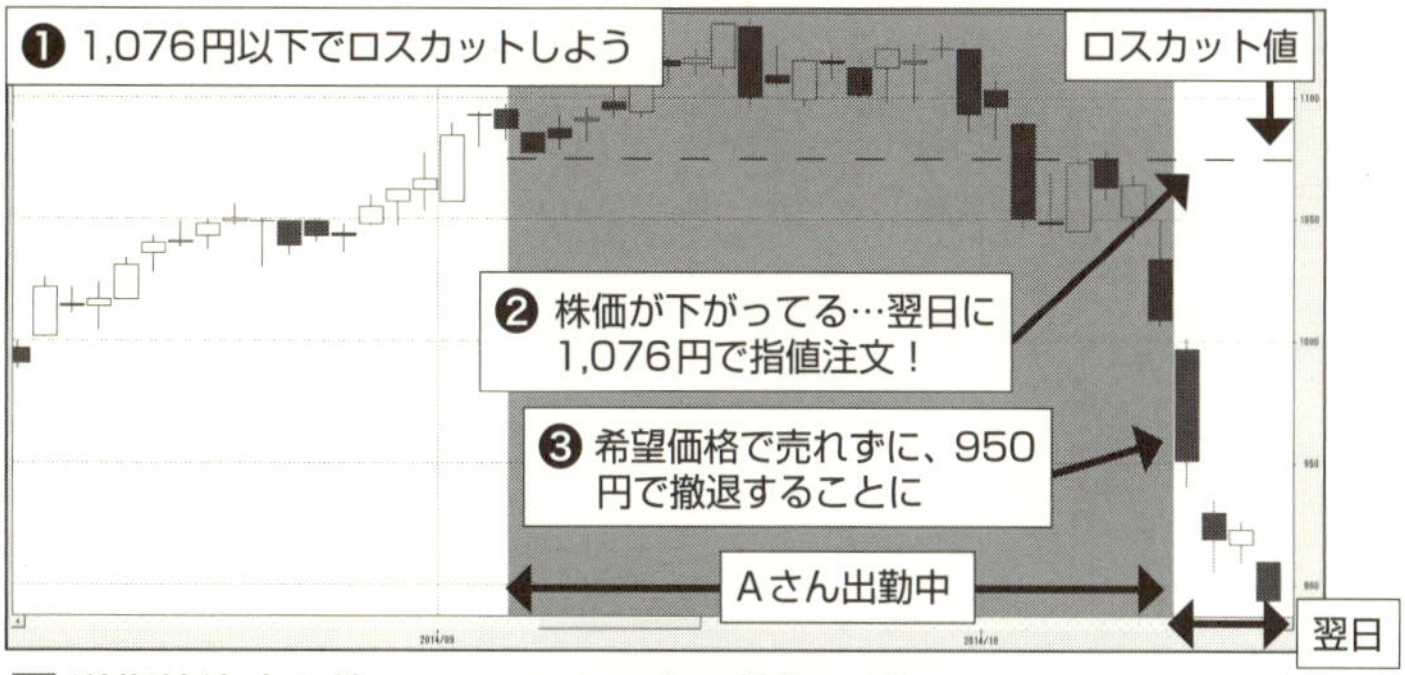

■ 逆指値注文を使ったBさんと日中の株価の動き

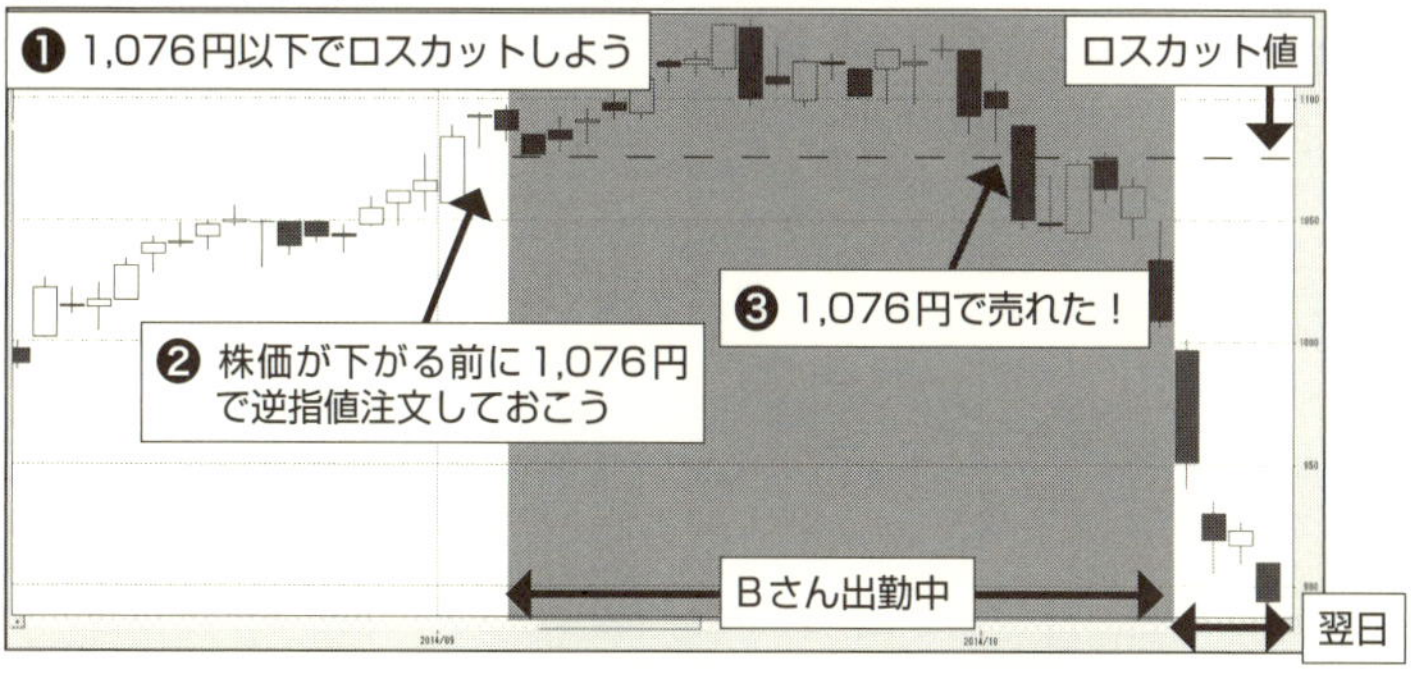

た場合には、逆指値の売り注文は発動されず、株価上昇分の利益を得られます。このように、**あらかじめ注文の条件設定（逆指値注文）をしておけば、注文の条件が成立したとき、自動的に発注**します。この注文方法は日中の**株価の変動を追いかけられない人でも、損失を限定することができる**強い味方となります。

つまり、あなたが逆指値注文を使えるようになれば、自動的にトレードできるので「心理に左右されることのない、堅実なトレード」ができるばかりでなく、トレードしている銘柄の株価を取引時間中に頻繁に確認するために、株価ボードの前に張りついていなくても大丈夫なのです。

逆指値注文の入力画面

❶株価が「771」円
- **◎「以上」になったら、◎指値「771」円で「買い」**
- **○「以下」になったら、○「成行」で「買い」**

❷株価が「1076」円
- **○「以上」になったら、○指値「　」円で「売り」**
- **◎「以下」になったら、◎「成行」で「売り」**

❶の場合、株価が「771」円◎「以上」になったら、◎「771」円で「買い」とは、「771

円以上になったら」というのが「注文を執行するときの条件」となり、その条件が成立すれば、771円指値買いの注文が執行され、771円以上にならない場合、771円で買わないということです。

このときの指値価格ですが、条件の価格と基本的には同じにしてください。

ただ、この場合、771円以上になったときに771円で売る人がいない場合は、買えないことになります。どうしても買いたい場合は、771円より上の指値である772円、773円にすると、買える確率が高くなります。

1点だけ注意することは逆指値注文の買いの際に「指値」ではなく「成行」にするのだ

逆指値の買い注文画面

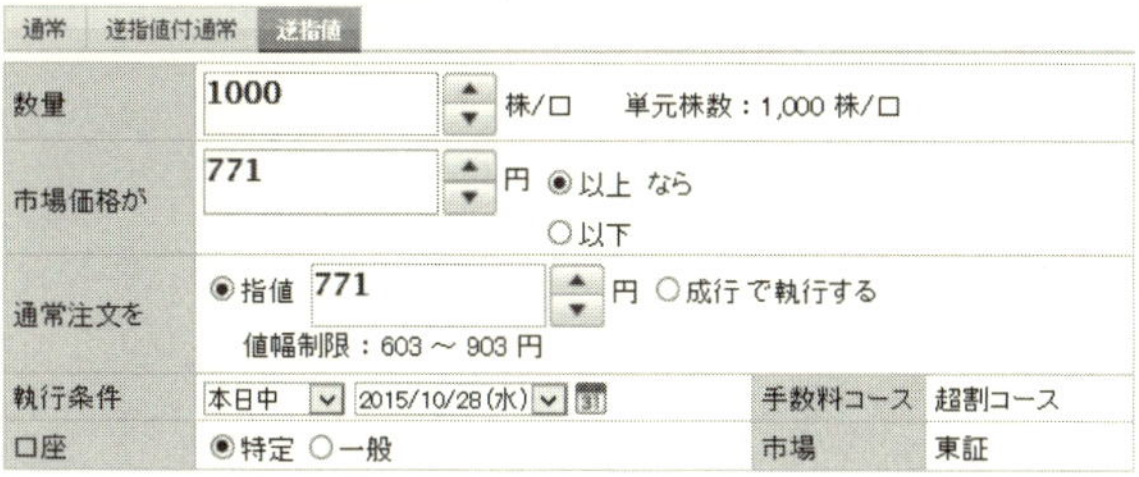

逆指値の売り注文画面

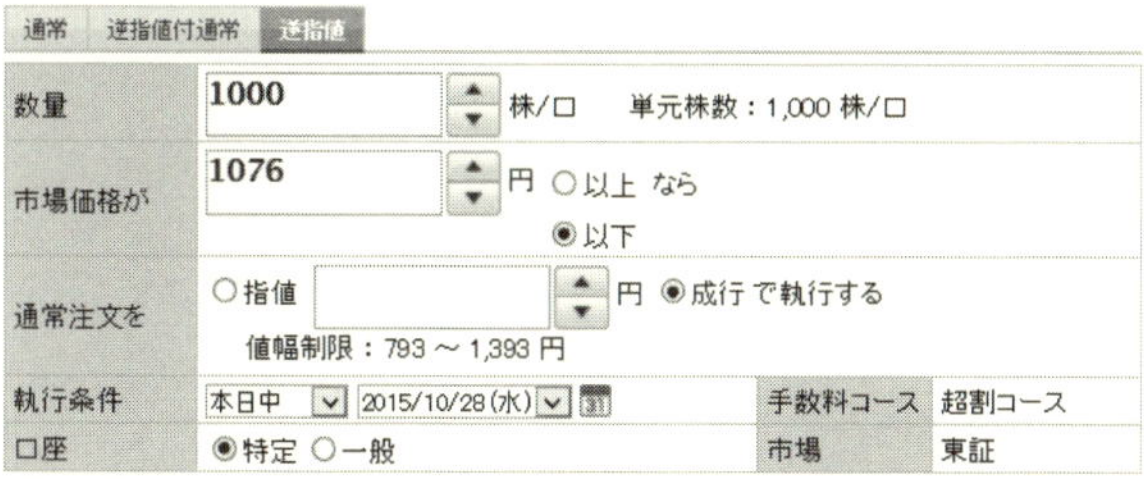

けは絶対にやめてください。とんでもない価格で買えてしまうこともあるので、必ず指値注文で価格を指定してください。

❷の場合、株価が「1076」円◎「以下」になったら、◎「成行」で「売り」とは、1076円以下になったらというのが「注文を執行するときの条件」となり、その条件が成立すれば、成行売りの注文が執行されるということです。逆に1076円以下にならない場合、成り行きで売らないということです。

このときの注文は、指値注文ではなく、原則成行注文にしてください。

1076円指値売りの指値注文だけは絶対にやめてください。というのは、1076円以下になったときに、1076円の買い手がいなければ1076円の指値の売り注文が売るに売れず、ロスカットできないことになるので、注意してください。

まとめると、逆指値注文を使うと左記のようになります。

◉ **心理面で優位になれる**
◉ **リスクを限定できる**

⚠株数を決める

株を買うときには、いくらのときに、どのくらい買うのかを決めなければなりません。理論上、100万円持っていれば、株価1000円の株であれば1000株買うこと（1000円×1000株＝100万円）ができます（手数料を考慮していません）。

ただ、ここで忘れてはいけないことがあります。それは**「単元株制度」**です。**株の売買単位は個々の銘柄によってバラバラ**だということです。主に100株単位、1000株単位などがあります。

たとえば、「単元株が1000株」で株価が1000円の株があるとします。この場合は最低単位、つまり単元株（1000株）からしか買えないのです。1000円×1000株で、少なくとも100万円が必要になります。「私は10万円しか持っていないから100株で注文する！」ということはできません。

⚠ 注文の有効期間を決める

「指値注文」や「逆指値注文」は、その設定した条件にならなければ注文が成立しません。そのため、注文が成立するのに時間がかかることがあります。時間がかかるかもしれないということは「いつまでその注文を出し続けるのか」を決めなければなりません。

注文の有効期間の設定をしない場合で、当日の注文が成立しなかったときは、通常「本日中（翌日は注文取り消し）」となります。

では、注文の有効期間をいつまでにするかですが、基本的に「本日中（翌日は注文取り消し）」としてください。

2日以上有効にしてしまうと、注文を出していること自体を忘れてしまいます。買い注文を出し、後日知らぬ間に注文が成立し、買えていることがあるからです。

買い注文をしたこと自体忘れているので、その株が値下がりしていても気にもとめません。そういったリスクを軽減するためにも**理由がないかぎりは、注文は当日かぎり（本日中）**にしておきましょう。

もちろん、注文が有効でも、取引自体が成立しないかぎりは何回でも注文の「訂正」や「取り消し」をすることができます。

⚠指値&逆指値注文確認のチェックシート活用方法

あなたが実際に注文を出す前には、どうなれば買いで、どうなれば売りなのかということを平常心のときにしっかりシナリオを立てておかなければなりません。このチェックシートにはこのときの注意事項がまとめてあります。

この作業をいい加減にすると、あとで大変な思いをすることがあります。その典型的な例が**「誤発注」**です。誤発注とは、注文を間違ってしまう行為で、どんなに苦労をして探してきたいいチャートであっても、誤発注をしてしまうと、思いもよらない価格で買ったり売ったりしてしまいます。その結果、取り返しのつかない金額を損してしまいます。

その誤発注ですが、初心者だけではなく、プロでもやってしまいます。有名なところではジェイコム株大量誤発注事件があります。

これは、2005年12月8日、新規上場したジェイコムの株式において、みずほ証券が誤発注し、株式市場を混乱させた事件です。「61万円1株売り」を、なんと「1円61万株売り」と誤って発注し、株価が大暴落した事件です。

プロであれば、決してあってはならないこのような誤発注ですが、プロであっても実際にはあるのです。初心者であれば、なおさら誤発注に注意しなければならないのです。

注文が約定したら必ず約定内容を確認するようにしましょう。しかし、仕事上、日中に約定内容を確認できない人は、どうすればいいのでしょうか？

そんな人はこのあとお話しします約定通知メールを使うか、もしくは、マネックス証券などを使えば、買いの約定前から逆指値の売り注文を入れることができるので、この機能を使えばいいでしょう。なお、約定時の注意しなければいけない点については、次の STEP 17 で詳しく紹介します。

指値注文 & 逆指値注文確認チェックシート

買い編	
☑	今買おうとしているチャートは、成行注文ではなく、指値注文か？
☑	今買おうとしているチャートは、逆指値注文か？
☑	逆指値の条件の価格は間違っていないか？
☑	「以上」「以下」は「以上」になっているか？（逆指値注文）
☑	買指値は逆指値条件と同じ価格もしくは少し上の価格であるか？（逆指値注文）
☑	成り行きではなく、指値になっているか？（逆指値注文）
☑	株数は妥当か？
☑	注文の有効期限は本日中か？
ロスカット編	
☑	今売ろうとしているチャートは、指値注文ではなく、逆指値注文か？
☑	逆指値の条件の価格は間違っていないか？
☑	「以上」「以下」は「以下」になっているか？（逆指値注文）
☑	指値ではなく、成り行きになっているか？（逆指値注文）
☑	株数は妥当か？
☑	注文の有効期限は本日中か？

STEP 17 ステップ②のチェック③ 約定時のポイント

約定時のポイント

チェック❶ チェック❷ を経て、うまく注文が通り、買うことができました。すぐに約定した株の銘柄名（コード番号）、買いの価格、その株数を確認してください。

約定を確認することが大切です。

これらがシナリオ通りで間違いがなければいいのですが、**万が一間違えてしまった場合は**どう対処すればいいのでしょうか？

価格が下がっている場合は必ずどこかに逆指値注文を入れ、撤退ラインを決めてください。価格が上がっている場合については、即利確してください。

「利益が乗っているのなら、保持したほうがいいのでは？」と思ったあなた。

この考え方は間違っています。そもそもこのトレードはあなたが望んだものでしょうか？ そうではないはずです。最初から完全に間違っているのですから、過ちを認め、いったん撤退すべきです。

このようなミスをいったん自分自身に許してしまうと、ルールやシナリオを守らないクセがついてしまい、今後において、ルール通りシナリオ通りの売買ができなくなってしまいます。今回は結果的によかったとしても、今後何回も行うトレードでの売買の基準やタイミングが非常にいい加減なものになっていきます。

約定を日々どう確認するのか？

株式市場は、原則平日の9時～15時（11時30分～12時30分は昼休み）まで開いており、その時間中に出している注文は約定する可能性があります。この約定する時間帯に仕事している人であれば、おもむろにノートパソコンを開き、株価をチェック……などできないでしょう。

では、約定内容を確認するには、どうしたらいいのでしょうか？

証券会社の「約定通知メール」という機能を利用します。

これは自分の出している注文が約定したら、自分のスマートフォンや携帯のメールに連絡が来る機能です。ほとんどのネット証券会社に備わっているサービスで、手元にいつもあり、すぐにチェックできるスマートフォンや携帯のメールアドレスなどを登録するといいでしょう。

登録の仕方は各証券会社によって異なるので、わからなければ証券会社に問いあわせてみてください。

⚠ 約定後は素早く行動を

約定通知メールが届いたあとは、まずは素早く逆指値注文を入れてください。

営業などの外出中ではなく、オフィスなどでの内勤の人は、いったんその場を離れ、トイレなどに行ってください。そして、誰も見ていないところで、逆指値注文の売りを入れればいいでしょう。この注文価格ですが、そのときの相場状況や気分次第で価格を決めるのではなくて、買う前にあらかじめ決めていたシナリオを実行してください。

この約定後のシナリオは、株を買う前に必ず決めておかなくてはなりません。

約定後に指値注文や逆指値注文の金額をどうしようかと悩んでいると、株価の動きに翻弄され、心理状態が乱れ、通常できるはずの冷静な判断ができなくなるからです。

☑ 買う前にあらかじめ決めたシナリオ

◉ 約定後、上がった場合は、売り目標の指値○○円
◉ 約定後、下がった場合は、撤退ライン○○円以下になれば、成り行き売り

たとえば、首尾よく上がった場合は、「もっともっと上がれ！」と欲が出ます。期待に反し下がった場合は「もうこれ以下にはならないだろう。ここから反転し、買値に戻ってくるはずだ！」と売るのを躊躇してしまいます。

このように、約定後はさまざまな心理的影響を受け、判断がブレてしまうので、買う前にあらかじめ決めてあったシナリオを実行してください。

☑ 心理面も整える

株が買えたあと、心理的には次のような状態になっているはずです。

しっかり分析し、チェックをし、万全の状態で自信満々に「買い！」と判断し、心の中では「絶

対上がる！」と思って買っているはずです。

というのは、自信がない状態の判断であれば、そもそも買いという判断は間違っているからです。

ただ、株価は思い通りにいかないもの……。

上がった場合は利益が出ているので問題ないのですが、問題は下がった場合です。これに対応するために、**買った時点では、必ずマイナス思考に**なってください。

「今から大きく下がってしまったらどうしよう」「不測の事態が起こったらどうしよう」と自分にとって都合の悪い方向に行くことを考えてください。そうすることにより下がってしまったときの対応がすんなり行えます。**常に最悪の事態を想定**してください。

このようにしないと、下がってきたときに「この下げは一時的なものだ。自信があるのでしばらく様子を見よう」「下がってきたのは何かの間違いだ」「いいチャートなので、戻ってくるだろう」と自分にとって都合のいい方向に考えてしまいます。

しかし、株価は上がることはなく、そのまま下がってしまう。よくあることです。

このように、**トレードというものは、それ自体は買って売るだけの単純な作業なのですが、トレーダーの考え方次第で結果がどんどん変わっていく**のです。

第6章

3ステップで株のトレードを実践！③

ステップ③ 購入後チェック

STEP 18

売りからそのあとまで ステップ③ 購入後チェック

ステップ③ 購入後チェックの内容（チェック❶チェック❷チェック③）を把握しよう

あなたは ステップ① ステップ② を経て、株を買っていることと思います。すでに利益が確定し、シナリオに沿って売り抜けているかもしれません。まだ目標の金額に到達せずに保有しているかもしれません。いずれにせよ、株は購入後、売ってはじめて利益・損失が確定します。トレードというものは、買ったものを売ることにより完了するのです。

では、買ったあとにするべきことをこの章でまとめたので、必ず確認してください。

購入後チェックとは、実際に株を購入したあとの次の3つのチェックのことをいいます。

チェック❶「株を売るときのポイント」
チェック❷「損をした場合は確定申告を絶対にしよう」
チェック❸「必要経費」

⚠ チェック❶「株を売るときのポイント」の概略を知ろう

各チェックの詳細は、次節以降でお話しますが、ここでは チェック❶ の全体像を把握しておいてください。

チェック❶ では、買いのあと、いつ売りに出すのかということを考えます。もちろん、ステップ❶ ステップ❷ を通じて、いつ売るのかも考慮したうえで買い注文をしていました。

しかし株式相場は、生き物のように日々変化します。

ここでは前のステップでチェックした内容をさらに掘り下げて、事例を使って利益と損失に対する考え方をお話します。

チェック❷「損した場合は確定申告を絶対にしよう」の概略を知ろう

チェック❷では、1月から12月までの年間のトレードを終えて、損が出た場合の確定申告について説明します。年間を通じて、トレードで利益が出た場合は税金を支払わなければなりません。一方、損失が出た場合は税金を支払う必要はありません。

ただ、損失が出た場合、確定申告をすることで翌年以降に利益を出した際の節税対策ができます。長くトレードを続けて行くうえで必要不可欠な知識です。正しく理解しておきましょう。

チェック❸「必要経費」の概略を知ろう

チェック❸では、トレードに必要な経費に関してチェックしていきます。たとえば、私の場合、トレードする際の的確な売買判断をするための道具として、チャートソフトにはお金をかけています。このような稼ぐために必要な出費のことを**「必要経費」**といいます。

「無料じゃないの？」と今思ったあなたは株では稼ぐことが非常に難しいと思います。というのは、何事も利益を得るためには必要な経費がかかるからです。お金は最低限、必要なところに必要な分だけ使うようにしてください。

このような考え方を身につけることで「稼げる」ようになるのです。

チェック❶・**チェック❷**・**チェック❸**では、しっかりとした利益の確保の仕方や損失が出てしまったときの対応の仕方が理解できるよう、かつ、その作業効率が高まるように考慮して組み立てています。

順番に作業を進めていけば、スムーズでストレスのないトレードが継続できるようになっています。

チェック❶の株を売るときのポイントは章末のチェックシートを確認しながら、利益確定または撤退をすると、しっかりしたリスク管理ができるでしょう。

STEP 19

株を売るときのポイント

ステップ③の チェック❶

⚠買った株は売ること

あなたがチャートを分析し、**いったん株を買ってしまえば、残る大事なことはそれをいかにして売るか**です。買った株を売ることなく、じっと保有するというようなことは決してありません。トレードというものは、買ったものを売ることにより完了します。

あらかじめ売ることを前提とした買いなのです。そのために買う前から、売ることを考えて、シナリオづくりをやってきたはずです。買ったからといって安心せず、売ることを必ず頭に入れてトレードしてください。

STEP 19 では、売り目標（売り価格）の設定方法を考えてみます。

☑ 売り目標値の考え方

まずは、「考え方」です。私がトレードを語るときには、「技術論」はさておき、必ずといっていいほど、この「考え方」を重視します。買いの場合もそうですが、この売りの場合も「考え方」が非常に重要になってきます。

では、売り目標値をどのように定めるのか？　私は目標値というものを左記のように定義します。

> **◉目標値は「ここまで上がる値」という意味ではなく、「上がれば、目標値まで行く可能性があるが、必ずしも目標値まで行くとはかぎらない値」という意味です**

目標とはあくまでも目標にすぎないので、「到達しないかもしれない」ということを前提にしなければなりません。具体的な数値は第4章で述べましたが、改めて確認してください。

■ 利益確定目標

トレード期間	確定利益額の目標値
数カ月間	❶ 1回のトレード資金の**10%以上**
数週間	❷ 1回のトレード資金の**3〜10%**
数日間	❸ 1回のトレード資金の**1〜3%**
1日間	❹ 1回のトレード資金の**0.5〜1%**

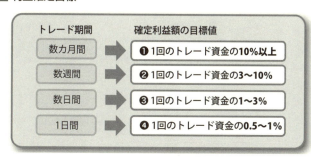

⚠目標半ばに反落したときは目標未到達を認めること

あなたが株を買って、目標値に到達せず、反落したときはどうすればいいのでしょうか？　ただ単に指をくわえて、下がるのを、ボーっと眺めていていいのでしょうか？　これは絶対にいけません。

まずは**目標値まで届かなかったことを受け入れること、認めることが大切**です。そして、目標値に到達しなくても、上昇途中で反落し、そのまま下がってしまう可能性が出てきた場合には、まずはいったん利益を確保し、撤退しなければなりません。

⚠ろうそく足を使って撤退を判断する

では、どのように撤退したらいいのでしょうか？

■目標値まで届かなかった場合

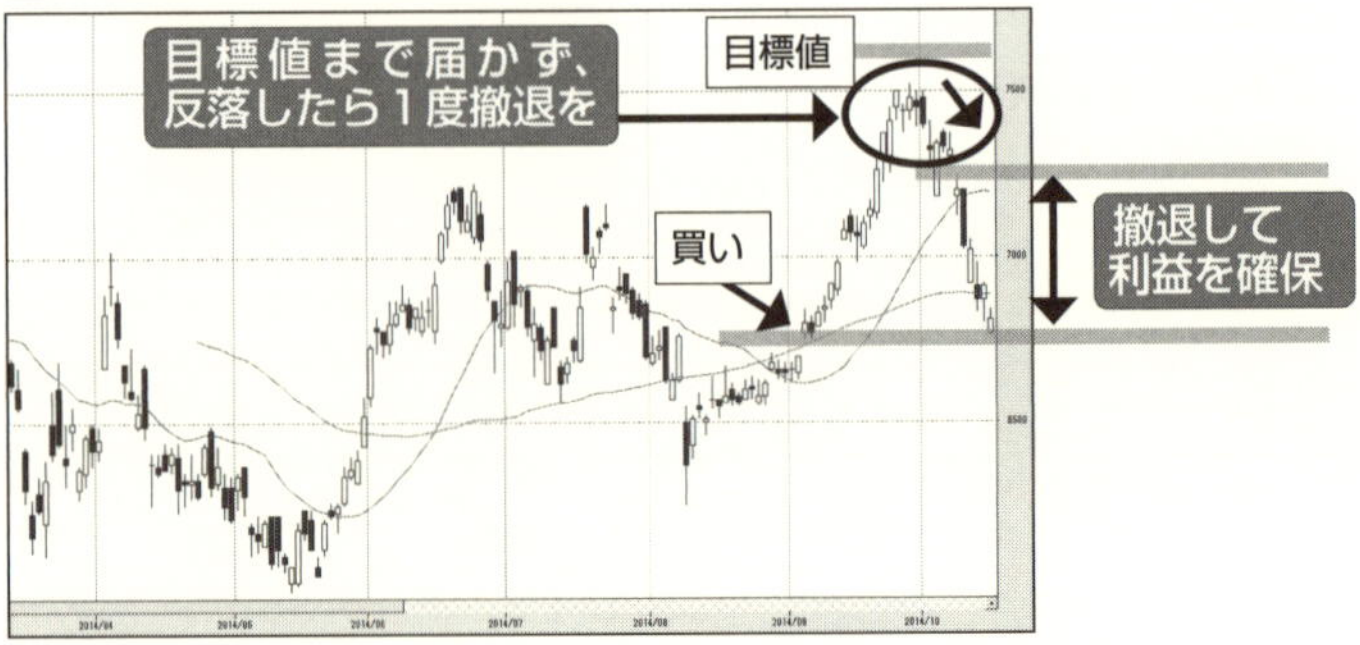

撤退を判断するためには**「ろうそく足の動きを知る」**必要があります。細かな用語の説明は STEP 09 を読み返してください。このあとお話する撤退の判断ですが、ろうそく足の中でも1日間の値動きを表す「日足《ひあし》」を使っていきます。

簡単におさらいしておきましょう。下図は「始値510円、終値530円、高値540円、安値500円」の動きを表したろうそく足です。始値より終値のほうが高いので「陽線」となります。

このろうそく足はただ単に、その日の値動きのみを表すだけでなく、その日に参加した投資家やトレーダーなどの意思を表したものでもあります。

ろうそく足の作り方

始値510円、終値530円、高値540円、安値500円の「陽線」の場合

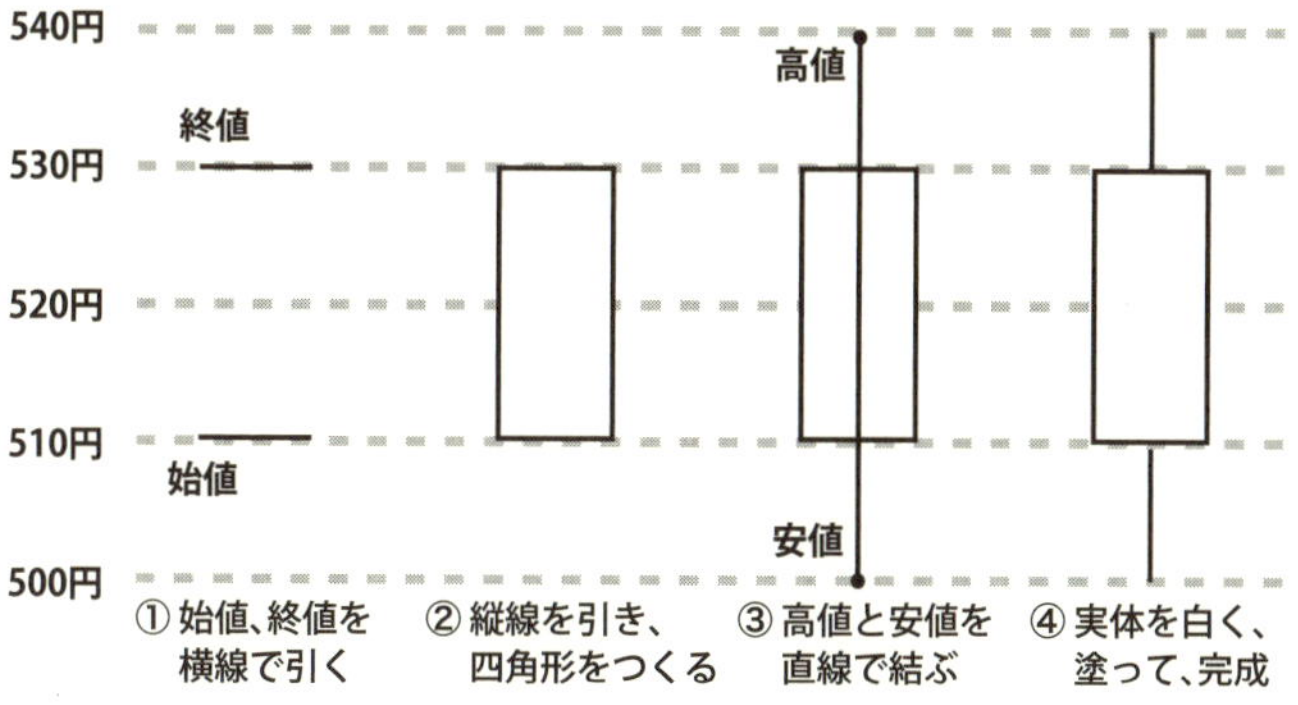
540円
530円
520円
510円
500円
終値
始値
高値
安値
① 始値、終値を横線で引く
② 縦線を引き、四角形をつくる
③ 高値と安値を直線で結ぶ
④ 実体を白く、塗って、完成

ろうそく足で上昇か下降を考える

下図を見てください。ろうそく足の高値とは、その日参加した投資家やトレーダーなどが「ここまで買い進めた」「これより上を買い進めなかった」ということを意味します。

別な言い方をすると、この銘柄の「この日の価値はこれより上ではなかった」ということにもなります。

逆に、ろうそく足の安値とは、その日参加した投資家やトレーダーなどが「ここまで売り込んだ」「これより下を売り込まなかった」ということを意味します。

別な言い方をすると、この銘柄の「この日の価値はこれより下ではなかった」ということにもなります。

◉ ろうそく足の高値 ＝ その日の最大の価値
◉ ろうそく足の安値 ＝ その日の最小の価値

高値と安値

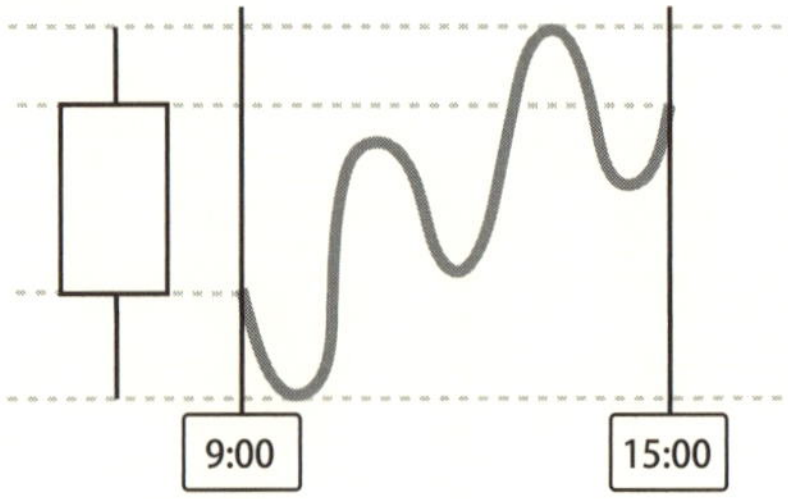

高値とは、市場の投資家やトレーダーなどによって
・ここまで買い進められた結果
・この日の最大の価値

安値とは、市場の投資家やトレーダーなどによって
・ここまで売り進められた結果
・この日の最小の価値

左上の図を見てください。前日のろうそく足の高値を上に抜くということは、前日の相場よりも、今日の相場のほうが価値があると、その日参加した投資家やトレーダーなどが認めたからです。

左下の図は、前日のろうそく足の安値を下に抜いています。その日参加した投資家やトレーダーなどが前日の相場よりも今日の相場のほうが価値がないと認めたからです。

つまり、**前日の高値を上に抜ければ、「昨日よりも価値がある、今後もっと価値が上がってもいいはずだ」という意思表示ととらえ、「上昇」**と考えます。逆に、**前日の安値を下に抜ければ、「昨日よりも価値がない、今後もっと価値が下がってもいいはずだ」という意思表示ととらえ、「下降」**と考えます。

■ 前日相場 ＜ 当日相場

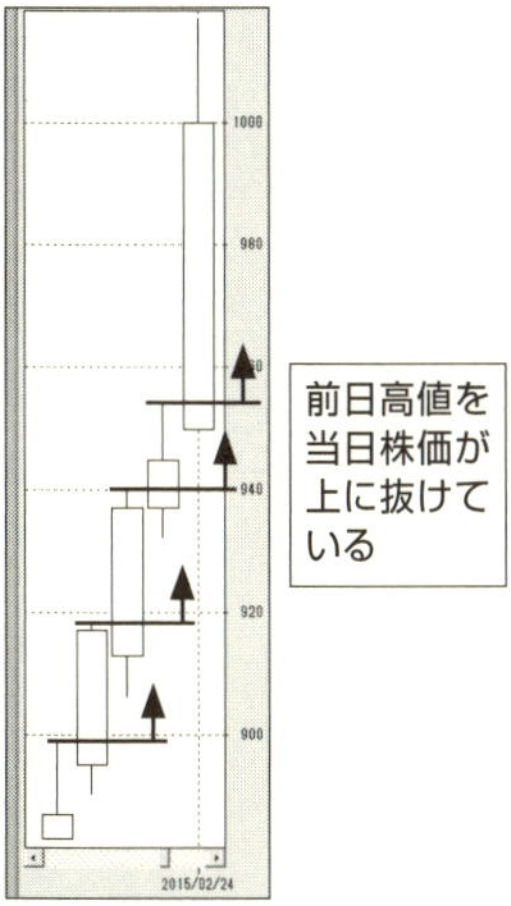

■ 前日相場 ＞ 当日相場

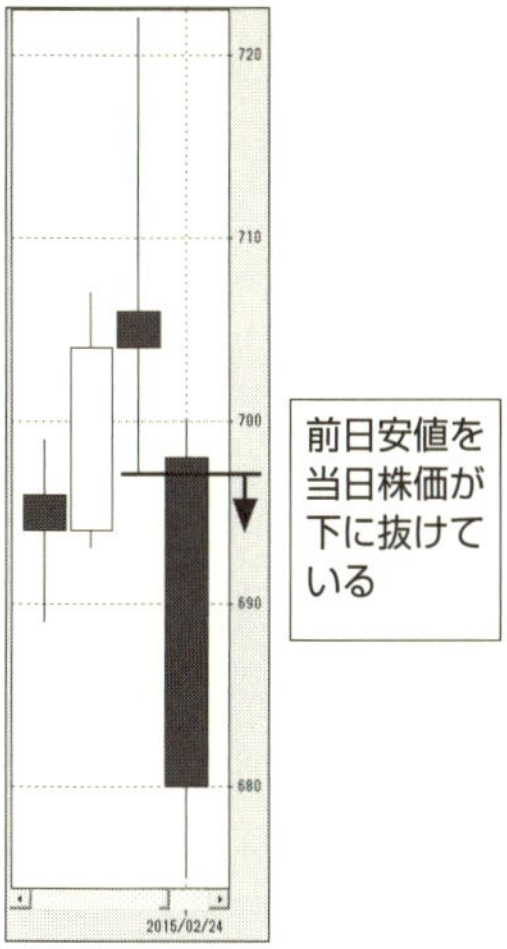

◉ 前日の高値を上に抜く ＝ 前日よりも価値がある ＝ 上昇
◉ 前日の安値を下に抜く ＝ 前日よりも価値がない ＝ 下降

☑ 前日のろうそく足を使って買いや売りを判断する

先ほどの考え方から、前日のろうそく足を使って撤退を判断する経緯を実例を使って紹介します。この考え方もトレードをするうえで大切なことなので、しっかり体に染み込ませてください。

まずは次頁、右下の図の事例を見てみましょう。

Aは前日の価値を上回り、かつ前日の価値を下回っていません。つまり、昨日から「下降ではなく上昇」ということになります。このとき「買い」と判断し、買います。同様にB、C、Dも「下降ではなく上昇」ということになります。

次にEです。EはDの価値を上回っていませんが、Dの価値を下回ってもいません。ということは、「上昇でもなく下降でもない」ということになります。

次にFです。FはEの価値を下回りました。ということは、「下降」ということになります。このとき「売り」と判断し、売ります。

このように、**「下降ではない」状態のときは保持し、「下降」となったときに売る**のです。こうやって、前日のろうそく足のみを使って買いや売りを判断することができます。

では、左下の図の事例を見てみましょう。

Aに買ったとします。この例では目標値を買値から3％の地点にしたとします。ここから上がっていくのであれば、Aの安値を下回ることはありません。Aの高値を上に抜けて上がっていくはずです。

Bに目標値である買い値から3％に達したので、この場合はここで利益確定になります。このように、**前日のろうそく足の安値（この場合はAの安値）を下回る前に、目標に到達した場合は利益確定**になります。

■ 上昇は「買い」、下降は「売り」

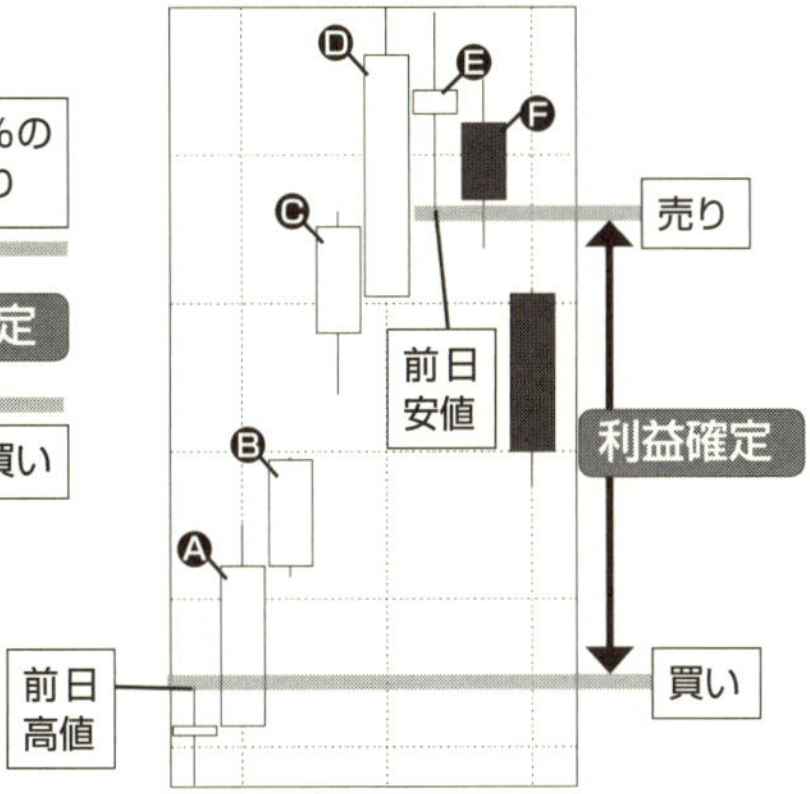

■ 目標に到達したので「売り」

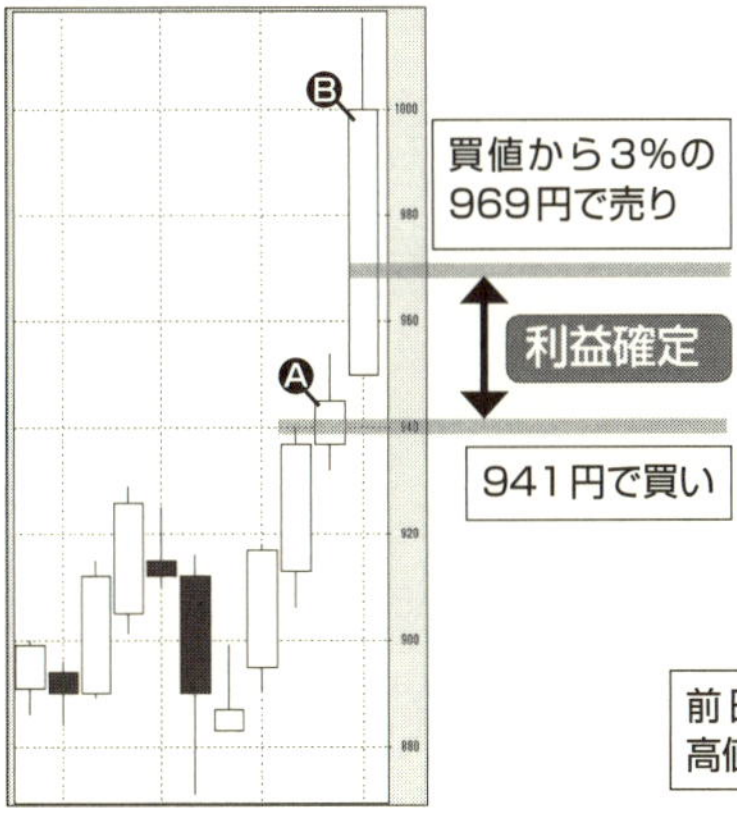

さらに、別の事例（下図）を見てみましょう。

Aに買い、ここから上がるのであれば、Aの安値を下回ることはありません。Aの高値を上に抜けて上がっていくはずです。このときに「長期トレード（1カ月。1カ月を20日営業日とする）10％以上」を目的とし、「中期長期線のどちらかを下回るまで保持」とします。今回は「中期線を下回るまで保持」とすることにしましょう。

Bで目標値に達しました。もちろん、ここで利益を確定して問題ありません。一方で、あえて利益確定しない選択肢もあります。

そのまま利益を引っ張り、Cで中期線を下回ったところで利益確定をします。この場合、トレード期間が32日間で利益率は約26％でした。

このように、**長期間かけて大きな利幅をねらうのも、「時と場合」によってはいい選択肢になります。**

■目標値到達後、さらに利益を引っ張る（中期線）

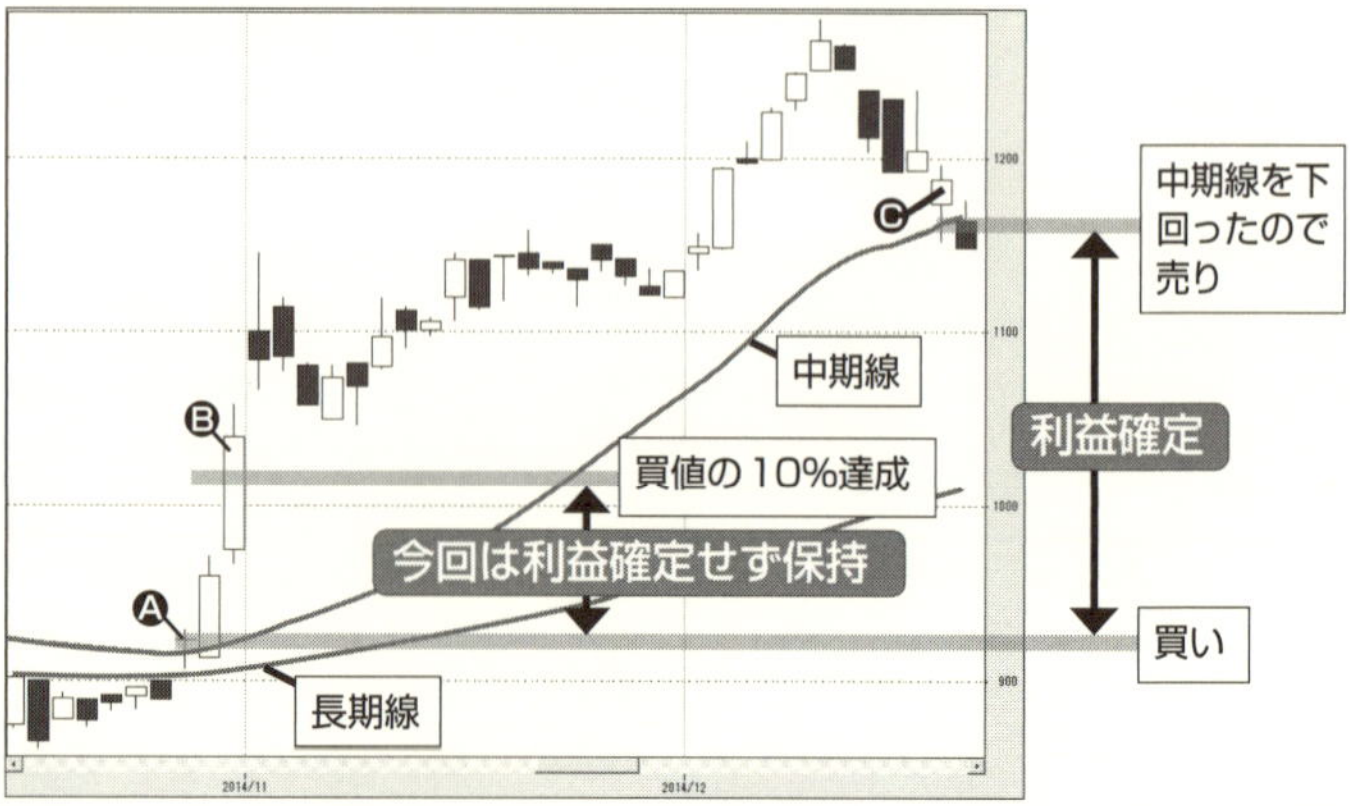

では、最後の事例（下図）です。

Aに買い、ここから上がるのであれば、Aの安値を下回ることはなく、Aの高値を上に抜けて上がっていくはずです。このときに「長期トレード（20日以上）10％以上」を目的とし、「中期長期線のどちらかを下回るまで保持」とします。今回は「長期線を下回るまで保持」とすることにしましょう。

そのまま利益を引っ張って、Bで長期線を下回り、利益確定です。この場合、トレード期間が１０７日間で利益率は約60％でした。このように、さらに長期間かけて、より大きな利幅をねらうのも、**「時と場合」**によってはいい結果をもたらします。

■ 目標値到達後、さらに利益を引っ張る（長期線）

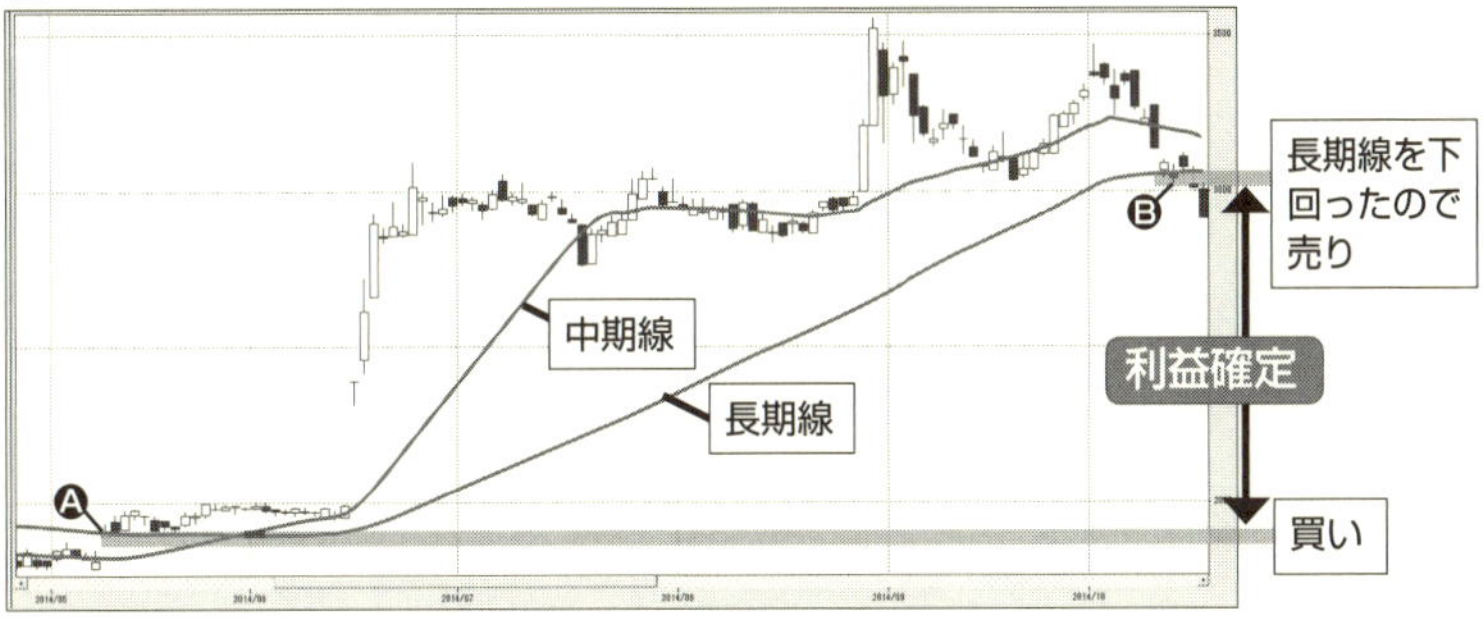

⚠ 銘柄を保持したら、その銘柄が属する市場のチャートを確認

では、どのようなとき、どのような場合がその「時と場合」に当てはまるのでしょうか？

その**「時と場合」とは、「その銘柄が属する市場のチャートの自信度」があるのかないのか**です。

「その銘柄が属する市場のチャート」とは、東証一部の銘柄であれば、日経平均株価やＴＯＰＩＸのチャートになります。東証二部は二部指数、ジャスダックスタンダードはジャスダックスタンダード指数、ジャスダックグロースはジャスダックグロース指数、マザーズはマザーズ指数になります。

これらのチャートが「上昇中なのか、方向性がないのか、下降中なのか」で、市場のチャートの自信度を測っていきます。

つまり、その**銘柄が属する市場も上昇中ならば、その銘柄は上昇する可能性が高い**ということです。

❶中長期線の両方の上に指数の価格が位置する
⇩上昇中。保持した銘柄を長期線割れまで保持してもいい
❷中期線の上だが長期線の下、もしくは、長期線の上だが中期線の下に指数の価格が位置する⇩方向性がない。保持した銘柄を中期線割れまで保持してもいい
❸中長期線の両方の下に指数の価格が位置する
⇩下降中。保持した銘柄を前日のろうそく足の安値割れまで保持する

これら❶〜❸の判断基準を基に、撤退の位置を決めていきます。

ただ、「この基準を使えば、絶対いいパフォーマンスが達成できる」というものではありません。株式相場は生き物であり、先行きがどうなるかは誰にもわからないからです。

結果論として、「早く撤退しておいてよかった」とか逆に「早く撤退したばっかりに大きな利益を取り損なった」ということもしばしば起こります。

大切なのは考え方として、**株式相場の環境がいいときは、「利益を伸ばすスタンス」を取り、株式相場の環境が悪いときは、「小まめに利益を確保するスタンス」を取る**ようにし、そのときの状況に応じて最善を尽くすことなのです。

⚠ロスカット（損切り）

あなたがチャートを一生懸命に分析し、最終的に「買い」と判断し、上昇を期待して買ったのはいいのですが、思惑とは逆に、下がってしまった場合には、どうすればいいのでしょうか？

そうです。必ずロスカット（損切り）しなければなりません。

次のように思っていないでしょうか？

「株というものは、上がったり下がったりするものだから、じっと我慢して待っていれば、いつか買い値に戻ってくるだろう」「優良企業の銘柄だから、少々下がっても大丈夫」「東証一部だから大丈夫」「短期的に下げても、長期的には上がってくる」と……。

これらの考え方をしているかぎり、一時的に勝つ時期はあったとしても、継続的にトレードで勝つことはできません。大きく値下がりしてしまう局面にいつか遭遇し、大損をすることに

■上下を繰り返す株価 〜大切なのはロスカットをする習慣〜

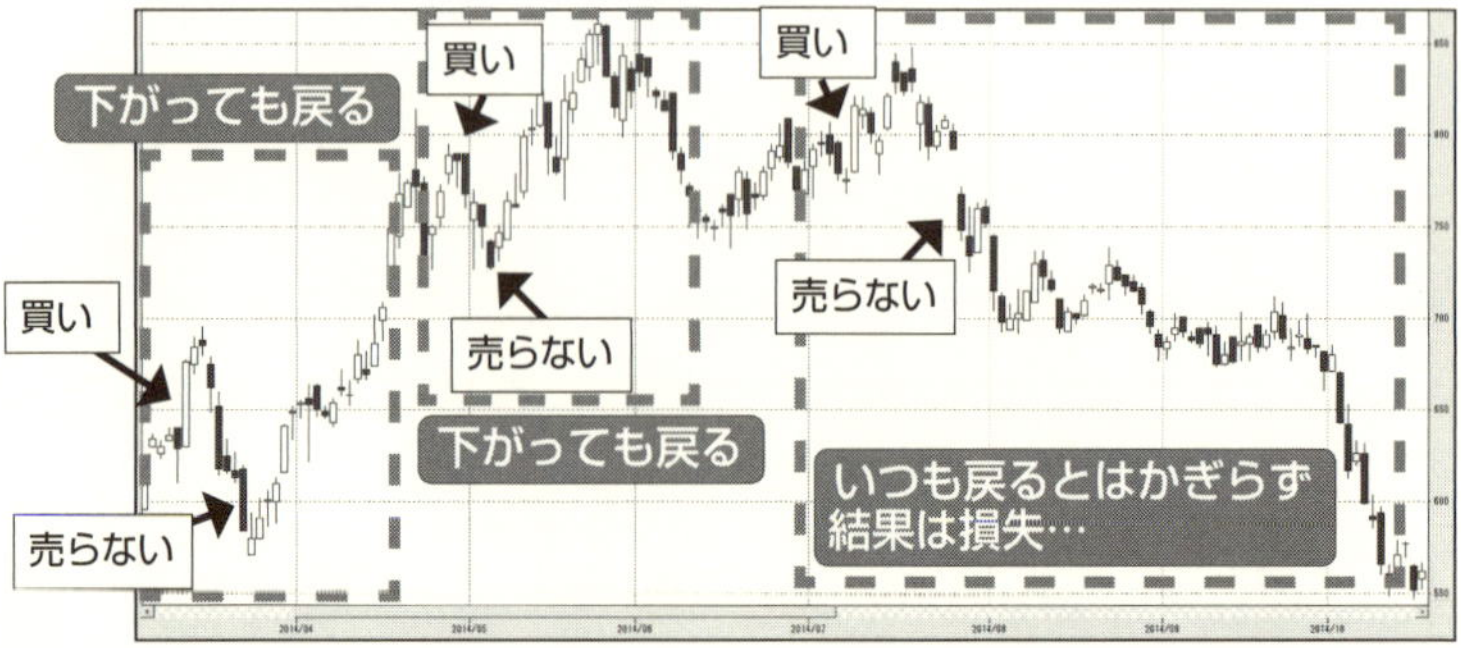

なるでしょう。

前頁の図を見てください。**「下がっても、いつか上がってくる」といつも思って売買を繰り返しているうちに、何回かは戻ってくることはあっても、いつか戻らないときがあり、このときに大損をしてしまいます。**これを避けるためには、買ったあとに下がってしまった場合には、必ずロスカット（損切り）をしなければならないのはもちろんのこと、それを習慣づけなければならないのです。

⚠ ロスカットの基本的な考え方と実行方法

☑ 移動平均線を使ったロスカット方法

下図のように、買いは「移動平均線を上に抜けたとき」なので、売りは「移動平均線を下に抜けたたとき」になります。このようすることにより、このあとに起こり得る大きな下げによる大

■ 移動平均線を使ったロスカット方法

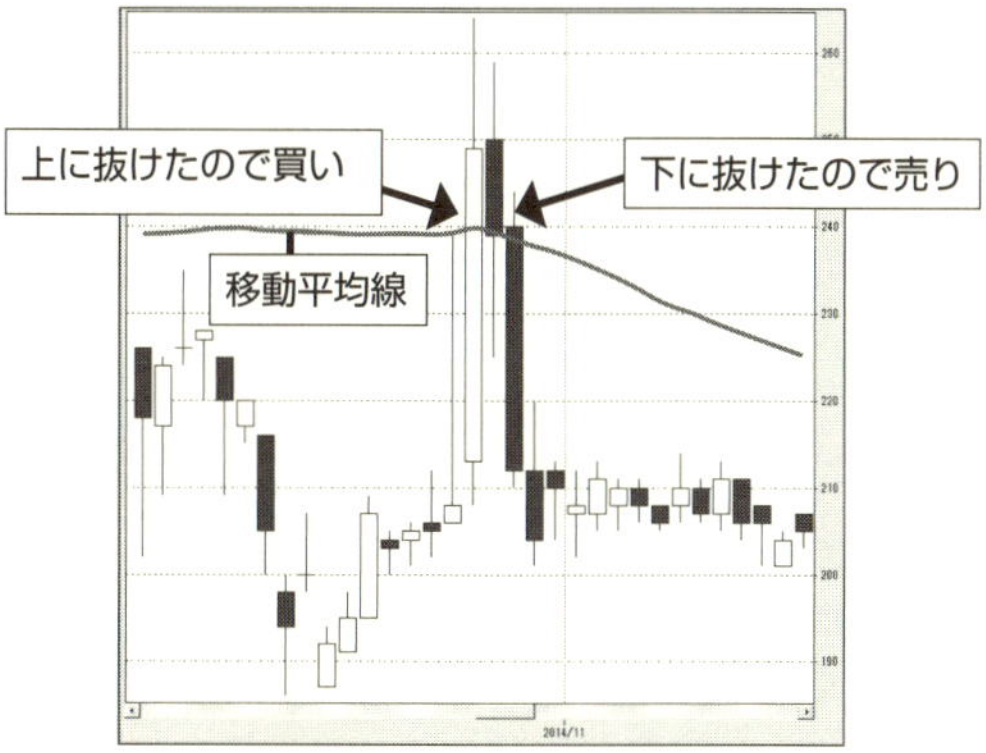

損失を避けることができます。

では、下図のような場合はどうでしょうか?

Aで買ってBで売ってロスカットになります。この段階では、買いのチャートの形は崩れていないので、再度買うことができます。その場合、Cで買ってDで売ってロスカットになります。そして、あきらめたそのあとに上昇してしまう……。

こんなことを繰り返していると、「買ってはロスカット」「買ってはロスカット」の繰り返しになり、ロスカットの回数が増えるばかりで、1回のロスカットの金額がいかに小さくても、手数料を含めると合計の損失が大きくなってしまいます。この事例のように移動平均線を使ったロスカット方法はいつでも使えるわけではなく、使えないときもあります。

■移動平均線を使ったロスカット方法の落とし穴

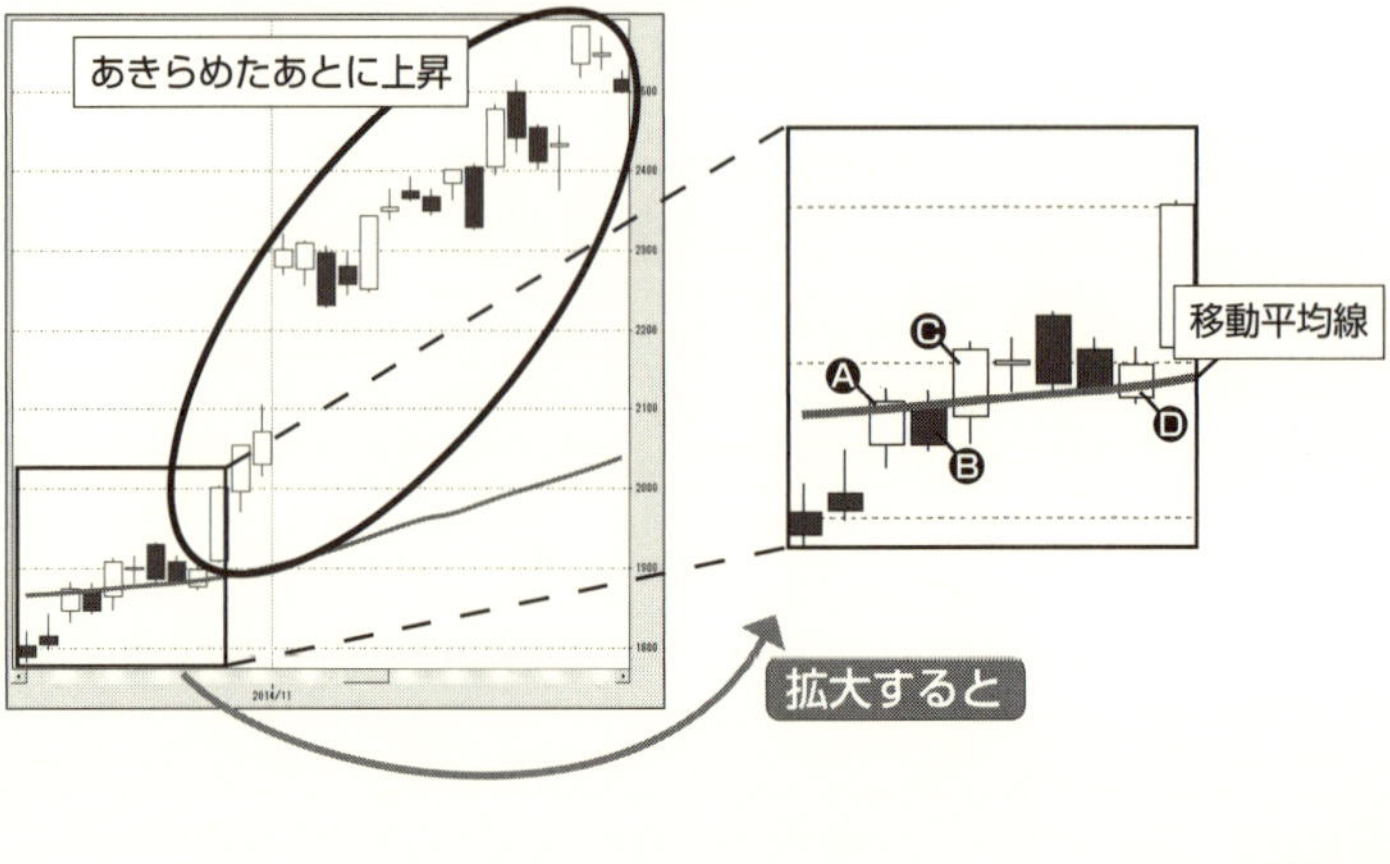

ろうそく足を使ったロスカット方法

「株価が移動平均線をまたいで、上下するロスカットの繰り返し」を防ぐひとつの方法は、前に説明した「ろうそく足の使い方」を利用します。

下図を見てください。Aで買ったとします。翌日のBで移動平均線を下に抜けていますが、Aの安値は下に抜けていません。この場合はロスカットをせずに保持します。

移動平均線を基準にすると「売りの判断」になりますが、Aのろうそく足の安値を基準にすると「売りの判断にならない」ので保持と考えます。そして、そのあと上昇していきました。移動平均線だけでなく、ろうそく足を使ったロスカット方法を組みあわせることで、頻繁にロスカットをしなくてすむようになります。

■ ろうそく足を使ったロスカット方法

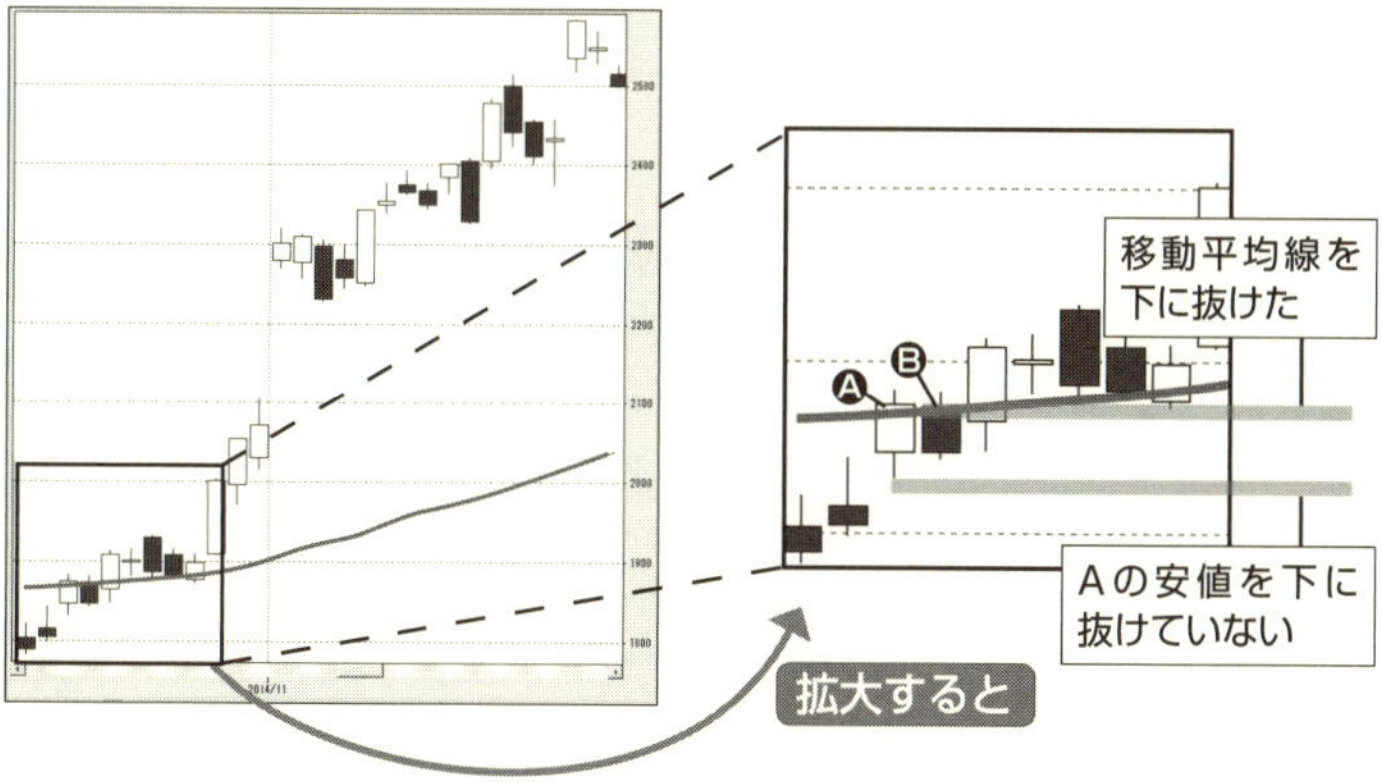

A
B
移動平均線を下に抜けた
Aの安値を下に抜けていない
拡大すると

では、下図を見てください。Aで買いました。

移動平均線をロスカットのラインにすると、Bでロスカットになりますが、ろうそく足の安値をロスカットのラインとすると、Cでロスカットになります。

このときです。

移動平均線を下回ったときにロスカットした場合よりも、ろうそく足の安値を下回ったときにロスカットした場合のほうが金額が大きいです。このように、**移動平均線をロスカットのラインにするのと、ろうそく足の安値をロスカットのラインにするのとでは、ロスカットの金額に大きな差が出る場合があります。**

移動平均線のロスカットとろうそく足の安値のロスカットとの金額の違い

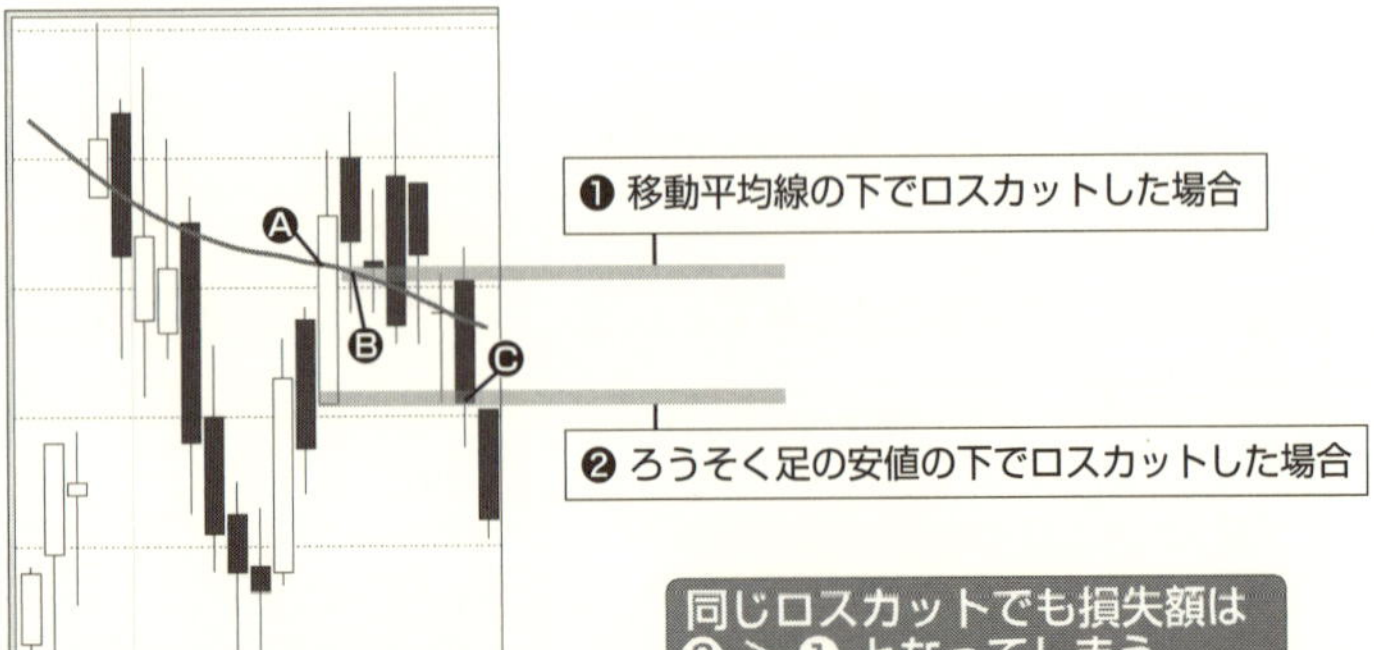

A
B
C
❶ 移動平均線の下でロスカットした場合
❷ ろうそく足の安値の下でロスカットした場合
同じロスカットでも損失額は
❷ > ❶ となってしまう

⚠ロスカットの際も銘柄が属する市場のチャートの自信度を確認する

では、移動平均線のロスカットとろうそく足の安値のロスカット、どちらの場合が有効なのでしょうか？

これも先ほどの利益確定のための撤退のときに説明した「その銘柄が属する市場のチャートの自信度」を使います。

自信度が高ければ（❶または❷の状態）、少々下げたとしても上に行く可能性があるので、ロスカットラインの位置は低く設定、つまり、ろうそく足の安値の下でロスカットします。

一方、**自信度が低ければ（❸の状態）、すぐに大きく下がってしまう可能性があるので、ロスカットラインの位置は高く設定、つまり、移動平均線の下でロスカット**します。

こうして、ロスカットラインの位置を臨機応変に変えていきます。

■ 自信度が高い場合

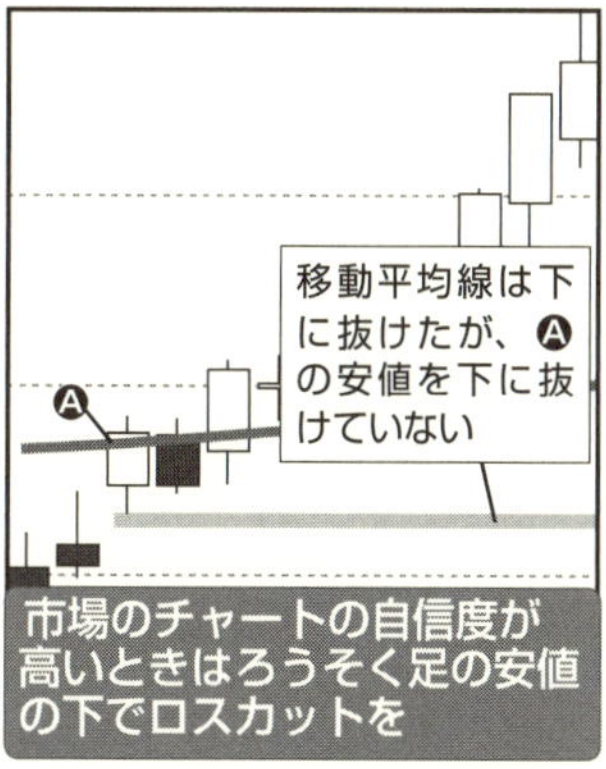

A
移動平均線は下に抜けたが、Aの安値を下に抜けていない

市場のチャートの自信度が高いときはろうそく足の安値の下でロスカットを

■ 自信度が低い場合

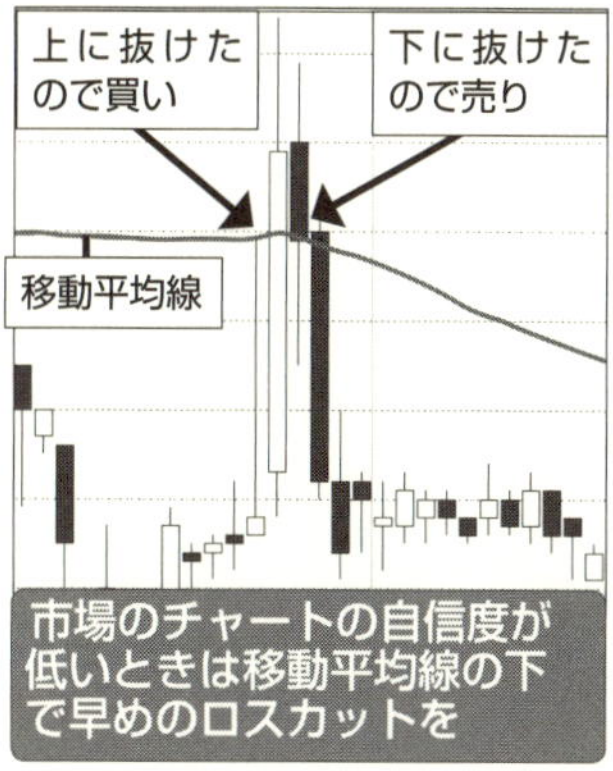

上に抜けたので買い
下に抜けたので売り
移動平均線

市場のチャートの自信度が低いときは移動平均線の下で早めのロスカットを

⚠複数株を売る際のポイント

株を売るとき、買った株が最低単位（1000株単位であれば1000株、100株単位であれば100株）であれば、売る際に今買いたい人の最高値で売れる可能性が高くなりますが、買った株が複数単位（1000株単位の場合に3000株、100株単位の場合に500株など）であれば、売りの注文を出すときに注意が必要です。

下図の「板情報 その1 」（気配値）を見てください。

このとき、544円で5000株売りたいと考えたとします。しかし、544円に1000株しか買いの指値注文がありません。指値544円で5000株を売った場合、1000株までは売れますが、残りの4000株は、「544円指値売り」として売れ残ってしまいます。

このように、**株を複数単位で保持している場合、その株数**

■板情報 その1

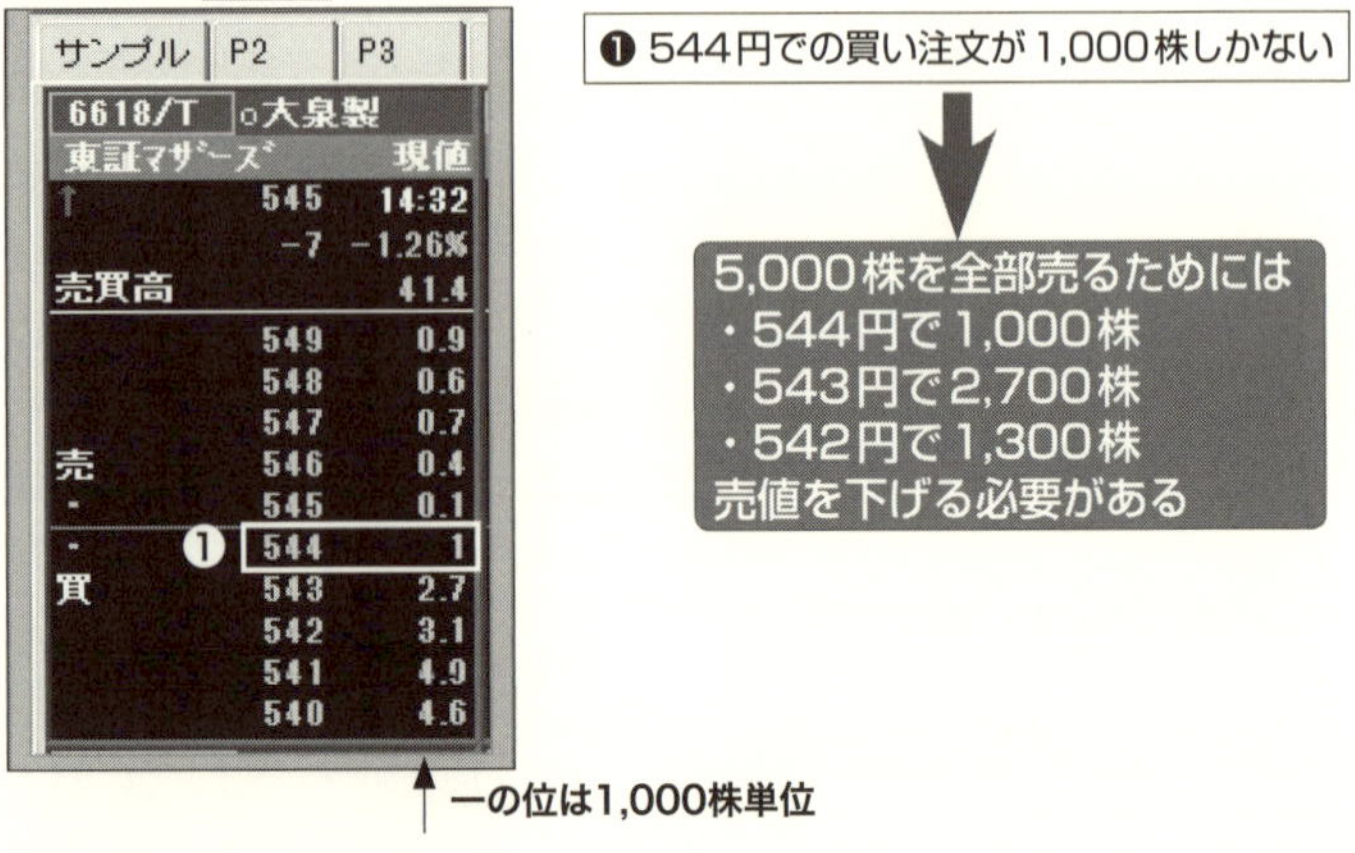

に見あうだけの株数が買い指値注文にあるのかどうかを確認しなければいけません。

株を買う前には「この銘柄はどのくらいの株数単位で指値注文が入っているのか」を把握する必要があります。そして、買う際にはその単位を把握して株数を決めます。

では、下図の「板情報[その2]」(気配値)を見てください。

買い指値と売り指値はそれぞれの指値に10万株から40万株程度の指値が入っています。この場合は、たとえお金があったとしても、決して50万株とか100万株とかで買ってはいけません。

ただ、これだけ多くの指値が入っていれば、個人レベルでしたら、通常は株数を気にせずに売買できます。

買うときは**「ロスカットしたときに、自分が今持っている株数を買ってくれる人がいるのか?」**を前もって考えておく必要があるのです。

■ 板情報 その2

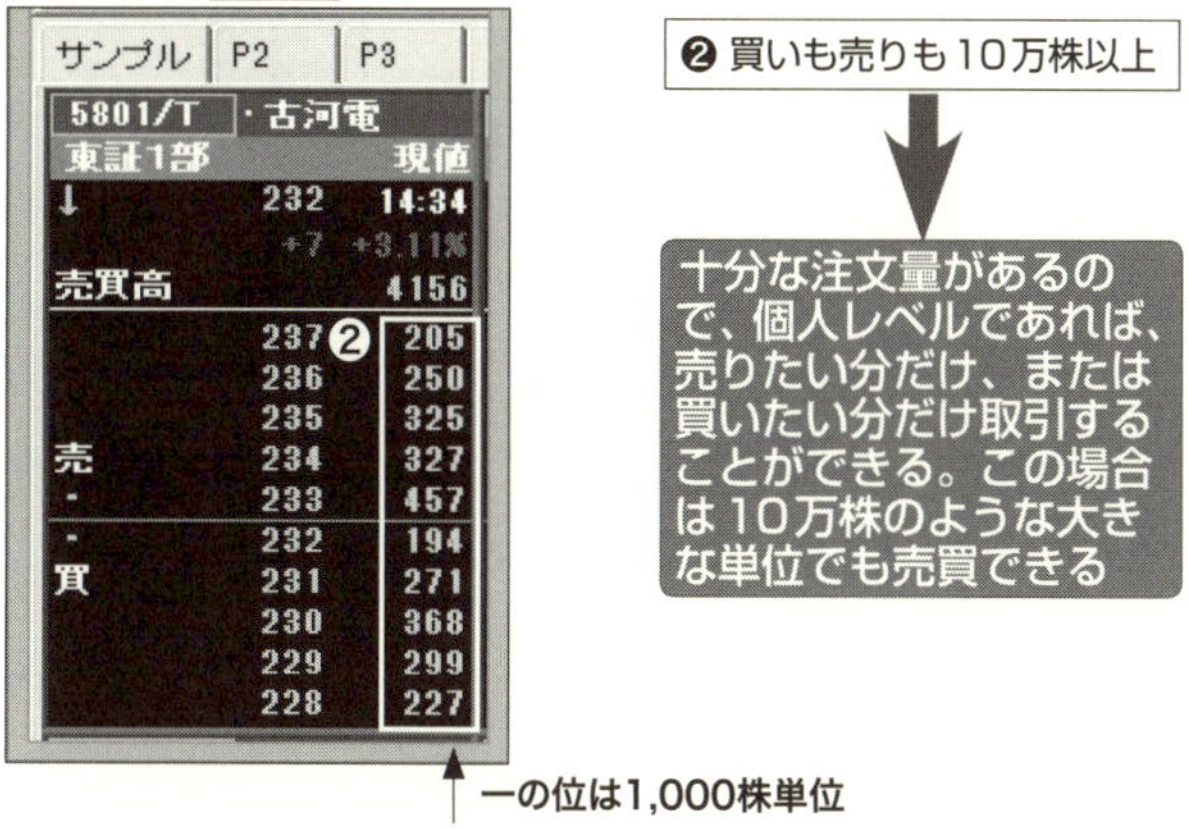

STEP 20

損をした場合は確定申告を絶対にしよう

ステップ③のチェック❷

⚠基本的には源泉徴収で納税

あなたがトレードをはじめるには、まず証券口座を開設する必要があります。その際に「口座の種類」というものを選ばなければなりません。

口座の種類とは、次の3つです。

❶ 源泉徴収ありの特定口座
❷ 源泉徴収なしの特定口座
❸ 一般口座

これらの大きな違いは「トレードで利益が出たときの税金の支払い方の違い」と「その税金を支払わなくていいかどうか」という点です。

では、特徴を見ていきましょう。

❶ 源泉徴収ありの特定口座

利益が出ても確定申告の必要はない口座です。

トレードで利益が出たときに、証券会社があらかじめ税金（利益の20％）を差し引いているからです。つまり、あなたが受け取る利益は、すでに税金が引かれたあとのものということになります。

この場合、あなたは確定申告をしなくていいのですが、トレードで利益が出るごとに利益の20％の税金を必ず差し引かれてしまうので、勝ちトレードを繰り返した場合には、税金分だけトレード資金が目減りし、トレードの運用効率が悪くなります。

❷ 源泉徴収なしの特定口座、または ❸ 一般口座

「❷ 源泉徴収なしの特定口座」や「❸ 一般口座」を選んだ場合は、年間で利益が出たときに確

定申告が必要です。

しかし、「年収が２０００万円以下で、かつ、株や投資信託などの利益が年間20万円以下の場合」は確定申告をしなくてもかまいません。つまり、株などの利益が年間20万円を超えない場合は、税金を一切払わなくていいのです。あなたがトレードをあまりしなかったり、少額な取引をする場合には、節税効果があります（ただし、税法が変わったり、人によって状況が異なるので詳しくは税理士など税の専門家に確認してください）。

「❸一般口座」ですが、これは年間に行ったすべてのトレードの利益と損失を自分で計算しなければならないので、基本的には避けるべきです。

⚠損失が出たときに確定申告すると節税になる

トレードの目標は利益を出すことであり、日々利益を求めてがんばっていると思います。しかし、トレードに絶対はなく、年間を通じて損失が出てしまう場合もあります。そんな場合はもちろん確定申告の必要がありません。

ただ、あえて確定申告をすることによって、どの口座を選択していても、ほかの商品と損益通算ができたり、「翌年以降3年間にわたって損失を繰り越して、利益から引くこと」ができる「3年間の繰り越し控除」という節税ができたりします。

☑確定申告のメリット　その1

・他の金融商品と損益通算できる

他の金融商品とは「株式投資信託」などを指します。ただ、あなたはこれらを持っていないと思いますし、今後も持つ必要はない（株は投資ではなくトレードするもの）と私は考えているので、損益通算の説明は本書では割愛します。

☑確定申告のメリット　その2

・3年間の繰り越し控除ができる

1年間、がんばってトレードを行ったが、残念ながら年間トータルで損失を出してしまった。そんなときはその損失のことをクヨクヨ悩んでいてもしかたがありません。

前向きにこれからのことを考え、今後はしっかり利益が出るようがんばっていきましょう。

その来たるべき今後のために、まずは確定申告をしましょう。1年間のトレードの損失を税務署に申告してください。**確定申告により、翌年以降3年間にわたって利益から損失分を差し引くことができます。**こうして、過去の損失分を現在の利益に組み込んで節税が可能となります。

仮に、あなたが2015年に損失を出した場合であれば、その損失分を3年後の2018年まで繰り越すことができます。

たとえば、2015年に50万円の損失を出して、(損失の)繰り越し申告をしたとします。翌2016年に5万円の利益が出たとしても、利益の金額(5万円)より損失の金額(50万円)のほうが多いので税金はかかりません。さらに、残った損失(50万円－5万円＝45万円)は2017年に利益が出ても、損失分を差し引くことができます。

なお、損失を繰り越すためには、翌年以降にトレードをするしないにかかわらず、毎年必ず確定申告をしなければなりません。万が一確定申告を忘れてしまうと、繰り越せないので注意してください(ただし、人によって状況が異なったり、税法が変わったりするので、詳しくは税理士など税の専門家に確認してください)。

⚠株を売買したとき・売買したあとの手数料は?

実際にトレードをすると、いろいろな手数料や費用がかかってきます。金額的にはそんなに大きくはないので特に気にする必要はないのですが、売買回数が多くなったり、決済までの期間が長くなれば、負担になることもあります。ここではいろいろなものがかかることだけは把握しておきましょう。

トレーダーにとって最も気になる売買手数料ですが、ネットであれば大きくかかりません。詳しくは次のステップで解説します。

STEP 21 ステップ③の必要経費チェック③

⚠株を買うのに必要な手数料は？

ひと昔前までは、インターネットの環境がなかったため、現在のようにインターネットを使って株を買うということができませんでした。株を買うには、証券会社の店頭に出向いたり、証券会社に電話をしたりして、注文を出しては株を買っていました。

こうしたときの手数料は非常に高く、売買金額の1%前後の手数料がかかることもあります。たとえば、売買金額の1%の手数料がかかる証券会社で株を100万円分買った場合、1万円の手数料が必要ということになります。

冨田塾の塾生の話ですが、入塾する前に取引されていた証券会社では、年間手数料がなんと約1000万円かかったそうです。「1000万円?」「何かの間違いかな?」と思いましたが、計算をしてみると間違いではなく確かに1000万円なのです。

その人は売買回数が非常に多く、1日に何度も売買していました。たとえば、1日3回売買するとして、1回あたりの売買金額を100万円とします。手数料が売買金額の1％だとすると買って売って往復で2万円。これを3回すると6万円になります。1か月は営業日ベースでおよそ20日。これを12カ月行うので240日。240日×6万円＝1440万円となります。

すごい金額ですね！

1回あたりの手数料は少額といっても回数を重ねれば、バカにならない金額になってきます。

しかし、今は誰でもインターネットで株が買える時代で、そんなに手数料は高くありません。いろいろな証券会社があり、**いろいろな手数料システムを導入していますが、どこのネット証券会社も1回あたりの売買金額を100万円とした場合の売買手数料はおおよそ数百円あたりで、高くても数千円あたりです。**決して数万円もかかりません。

ですから、トレードをする際は、証券会社の店頭に出向いたり、証券会社に電話するのではなく、必ずインターネットで売買ができる証券会社を使ってトレードするようにしてください。

⚠ 株を買うまでに必要な諸経費を知る

この必要経費の中でも、あなたに最も必要なものはチャートソフト、**松井証券のネットストックトレーダーの使用料です。**下の図は料金表ですが、期間が長くなればなるほど料金が安くなっています。

なぜ、**無料ソフトではなく、この有料ソフトを使うのか？私がトレードを10年以上やってきて、このネットストックトレーダーが非常に使いやすく、細かいチャート分析が非常にしやすいから**です。

トレードの初心者など、どんなチャートソフトを使ったらいいのかわからない人には、私はこれを使うことをお勧めしています。有料なりの商品価値があると思っているからです。

あとはこの使用料を、高いと思うか安いと思うかです。

これを「高い！」「へ、無料じゃないの」「無料のところを紹

■ 松井証券のネットストックトレーダー料金表（抜粋）

利用期間	情報料（税抜）	一括申込時の割引率（税抜）
1カ月	1,800円	−
3カ月	5,000円	約7.4%
6カ月	9,800円	約9.3%
12カ月	19,400円	約10.2%

【参考】松井証券／ネットストックトレーダー
(http://www.matsui.co.jp/service/pc/netstock_trader/rule.html)

介してよ！」と思ったあなた。そういう発想では、トレードで稼ぐことが難しいと思います。なぜなら、あなたの頭の中には「必要経費」という考え方がないからです。

トレードの利益は、下図の算式で成り立っています。ネットストックトレーダーの使用料は、諸経費に相当します。

では、ここで質問です。あなたは、株でいくら稼ぎたいのでしょうか？人によって目標はさまざまなので一概にはいえませんが、「月に数万円」、できれば「月に数十万円」は稼ぎたいという声が出てくるでしょう。

これらを目指す中での経費にあたる月１８００円です。これは決して高くなく必要な経費なのです。これを必要経費として考えられないのであれば、トレーダーとしての「センス」がありません。このチャートソフトが粗悪なものであれば、月１８００円はムダ金ですが、いいものにはお金がかかるものです。いつもいつも無料ばかりに走るのではなく、お金を使うべきところにはちゃんと使うようにしてください。

■トレードで得られる利益

	個々の株の売却代金
ー)	個々の株の購入代金
ー)	個々の売買手数料
ー)	諸経費
	全体としてのトレードの利益

⚠「信用取引」でかかる費用を知る

「信用取引」という取引をご存知でしょうか？

信用取引とは、証券会社からお金を借りて株を買う「信用買い」や証券会社から株を借りて、「空売り」したりできる取引のことです。あなたがトレードをはじめて間もないころには必要ないかもしれませんが、うまく使えば有益なトレードができ、あなたの味方となる取引のことです。ここでも多少の必要経費がかかりますが、今はこういう取引があって、これには多少の経費がかかるということを認識しておいてください。

☑「信用買い」でかかる費用を知る

証券会社からお金を借りて株を買うことができる「信用買い」ですが、本書では行わないので省略します。

☑「信用売り」でかかる費用を知る

左図を参照にしてください。これらは**信用売りの際の諸費用項目ですが、決済までの時間が長**

くなければ、ほとんど負担にはならないので、あまり気にする必要はないです。

なお、信用売りについては第7章で詳しくお話しします。

■「信用売り」の際にかかる費用項目

信用取引貸株料	証券会社から株を借りるために支払う費用
品貸料(逆日歩)	信用取引において、市場で貸借される株が不足したときに、売り方から買い方に支払われる費用
管理費	信用新規建の約定日から1カ月を経過するごとに、建玉ごとに対し発生する費用
配当金相当額	建玉が権利確定日をまたいで建てられているとき、配当金支払い時に、税金が源泉徴収されたあとの金額の授受に関わる費用

■ 購入後チェックシート

☑	目標利益価格を再確認
☑	目標利益価格に指値注文を入れたか？
☑	目標利益価格に到達していない場合、前日のろうそく足の安値を確認したか？　または逆指値注文による利益確定の準備はできているか？
☑	保有銘柄の市場チャートの自信度を確認したか？ Ⓐ 指数の価格が中長期線の両方の上に位置する Ⓑ 指数の価格が中期線の上だが長期線の下に位置する、もしくは 指数の価格が中期線の下だが長期線の上に位置する Ⓒ 指数の価格が中長期線の両方の下に位置する
☑	ⒶまたはⒷの場合、ろうそく足の安値を割り込めば、 ロスカットする
☑	Ⓒの場合、移動平均線を割り込めば、ロスカットする

ロスカットにならずに含み益が出てきた場合 （目標利益価格に指値注文を入れない場合）	
☑	Ⓐの場合、長期線割れまで保持可能
☑	Ⓑの場合、中期線割れまで保持可能
☑	Ⓒの場合、前日のろうそく足の安値割れまで保持可能

☑	保有している複数株を売るときは板情報の買い気配値の それぞれの価格の注文数が保有数分あることを確認したか？
☑	年間を通じて、トレードで損失が出た場合、確定申告をしたか？
☑	売買手数料、必要経費など株のトレードに関する費用を確認したか？

第7章

買った銘柄が下がったときの保険

STEP 22

空売りは怖くない

⚠空売りとは？

個人投資家が「株式投資をする」といえば、自らの現金で株を買うことをイメージしますし、実際、そうしている個人投資家は多いです。

では、そういった個人投資家が株で継続的に稼いでいるでしょうか？「一時的に儲かる」ということではなく、「ある程度の期間を継続的に稼いでいる」かどうかです。

STEP 02で前述しましたが、ほとんどの個人投資家は負けているというのが現状です。ここで、これまで本書ではまだ解説していない、個人投資家が負けているもうひとつの理由をお話しします。

それは個人投資家が「空売り」をしていないということです。

「空売り」とは、株を保有している証券会社から投資家がある銘柄の株を借りてきて、通常取

引が行われている株式市場で売ります。そして、空売りした銘柄の株を通常取引が行われている株式市場で買い、株を借りていた証券会社に返却することです。

この場合に、空売りした価格よりも株価が値下がりしたときに株を買い、証券会社に返却すると、その差額分が利益になるしくみです。

下図を見てください。

たとえば、現在10万円のA社の株を借り、その場で売れば10万円が現金として手元に入ります。そのあと、A社の株が9万円に値下がりしたときに買えば、9万円の現金が手元から出ていきます。この買った株で借りていた株を返済すれば、差し引き1万円の現金が手元に残り、利益になります。

つまり、**空売りで稼ぐためには、買いのときとは逆で「値下がりしそうな株」をねらう**ことになります。

■ 空売りのしくみ

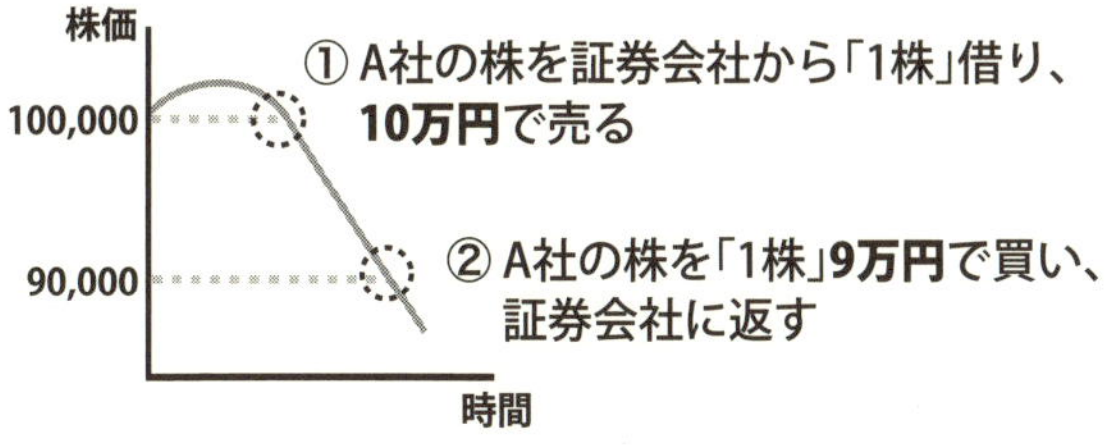

③ 10万円（売却金額）－ 9万円（購入金額）＝1万円（利益）

※別途、手数料が必要

⚠ 空売りは危険な取引なのか？

信用取引、特に空売りは一般的によく危険といわれます。というのは、「空売りで大損し、借金まみれになった」そして「一家離散した」また「自殺にまで追い込まれた」など、いろいろな話が出てくるからです。要は通常の買いの場合とは異なり、それ以上に大損をするので危険だというのです。

確かに空売りで大損した人がいることは事実でしょう。

しかし、この「空売りは危険だ」という解釈は完全に間違っていますし、まったくの誤解です。

空売りするには、「信用取引」をしなければならず、この信用取引をするための信用取引口座を開かなければなりません。

そして**信用取引というのは、レバレッジという梃《てこ》の原理が働き、自己資金が少なくても自己資金以上の取引ができます。自己資金の約3倍程度の取引ができます（証券会社によってレバレッジは異なる）。**

■ レバレッジ

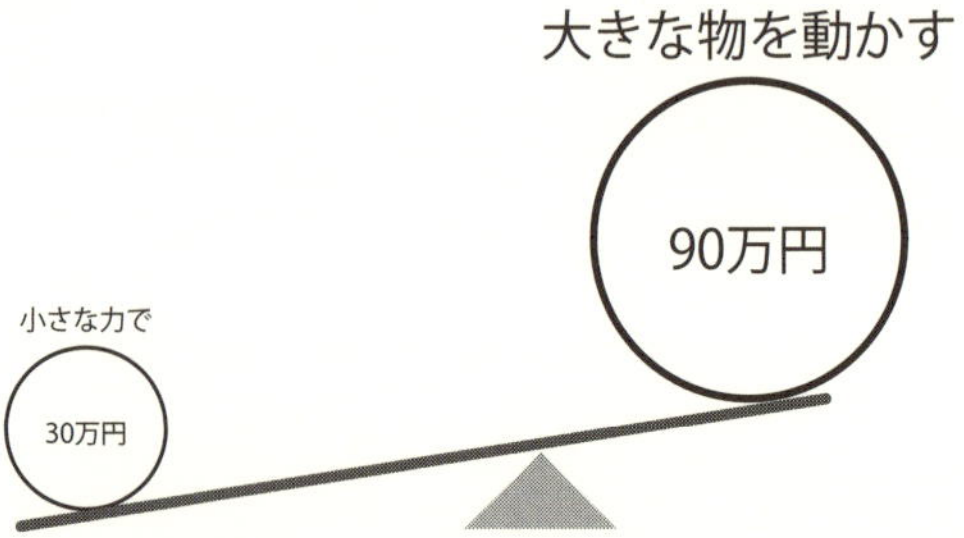

たとえば、30万円の資金があれば、その資金のおよそ3倍である90万円程度の資金を使い、取引ができます。こうして、今自分自身が持っている資金以上の運用が可能なので、うまくいけばその分大きく稼ぐことができるというものです。しかし、一歩間違えば、逆に大きく損をするということにもなります。**要はハイリスクハイリターンの取引**です。

このように空売りが危険だという人は、このレバレッジを3倍程度まで効かせた取引を連想しているのです。

また、通常の買いの場合であれば、上場廃止などにより値が大きく下がっても株価自体はマイナスにはならず、購入金額以上に損は膨らみません。しかし、空売りの場合であれば、株価というものは理論的にはどこまでも上がっていくことができ青天井なのです。

このように空売りの損失には上限がありません。「だから、空売りは損失が青天井であり、非常に危険であって、それに比べて買いは損失が限定的であり安全だ」。空売りが危険だという人はこのような解釈を持っています。

もちろん、この2つの解釈自体は間違っていないのですが、決定的に抜け落ちている点があります。それは、「ロスカット」をまったく考慮していない点です。

損失を管理しないで、ほったらかしにした場合を想定しているのです。

⚠空売りもロスカットでリスクを限定

損失が大きくなる可能性のある空売りですが、空売りしたあとに、株価が自分の思いと逆に行った（上がった）場合、ロスカットを忠実に行えば、損失は限定されます。

⚠空売りはレバレッジ1で

空売りはレバレッジを一切効かせずに、「レバレッジ1」で行います。

先ほど、信用取引は、「自己資金の3倍程度まで取引が可能（証券会社によってレバレッジは異なる）と言いましたが、「3倍程度まで取引しなければならない」とは言っていません。自己資金の3倍程度まで取引可能ですが、自分の資金の枠内で（レバレッジ1で）空売りをすれば、リスクは通常の買いの場合と同じになります。

「空売り＝危険」と世間一般の人と同じような思考で、短絡的に考えずに、「なぜ危険なのか？」「どうすれば危険ではなくなるのか？」を自分自身でよくよく考えてみてください。

そして、空売りはしっかりした使い方をすれば、危険でないばかりか逆にあなたに有利に働くのです。この空売りを使わない手はありません。

⚠空売りが絶対必要な理由

では、個人トレーダーにとって、なぜ、空売りが絶対必要なのでしょうか?

株式相場はしばらく上昇するときもあれば、しばらく下降するときもあります。また、上がったり下がったりを頻繁に繰り返すときもあります。ここがミソで、決して上昇一辺倒ではないということです。

たとえば、あなたが「買い」だけしかできないトレーダーだとします。

相場環境がいいときも悪いときも、稼ぐためにはとにかく買うのだということで、いいチャートがあれば買います。しかし、相場環境が悪いと、個々の銘柄を入念にチェックし、いいところで買ってもどうしてもなかなか上がらなくて、下がることのほうが多くなり、それゆえロスカットが多くなってしまいます。ですから、本来ならば相場環境が悪いときは「『買い』を休む」ことが非常に大切なのです。

しかし、あなたは大好きなトレードを休みたいでしょうか? 休みたくないはずです。どちらかというと株式相場にはいつも参加したいと考えているはずです。そうであれば、相場環境が悪ければ悪いなりの技術が必要になってきます。

それが「空売り」です。

空売りをすれば、相場環境が悪いことを利用して、株価がどんどん下がっていく局面をそのまま利益に結びつけることができるのです。そして、相場環境がよくなれば空売りをやめて、また再びいつものように「買い」に走ればいいのです。

引き続き、次の内容も空売りが必要な理由です。あなたがトレードを続けているかぎり、「ロスカット」という作業はついて回ります。**上がると思って買ったあとに下がった場合は必ずロスカット**です。これが大大原則です。

しかし、大暴落や急落に見舞われたとき、**どうしてもロスカットができないとき**があります。そんなときには、あれこれ考える前に**とりあえず現状の価格で「空売り」をしておく**のです。

すると、そこから株価がどんどん下がったとしても、空売りをしているので、損失は確定した状態になっており、空売りの銘柄自体には利益が乗る状態になります。あとは、空売りの銘柄を決済し、利益を確保したあとで、買いの銘柄の損失を処理していけばいいのです。

ということからも、空売りは絶対必要だと考えます。

⚠ 信用取引口座を開設しよう

信用取引をするためには、通常の証券口座では取引ができないので、信用取引口座を開設する必要があります。この口座は何も特別なものではなく、基本的には誰でも開設できます（ただし、証券会社によって開設条件は異なる）。今取引している証券会社のホームページから申し込むか、もしくは、証券会社に直接問いあわせてみてください。

⚠ 空売りのポイントはチャートを逆さまにすること

では、実際にチャートを使ってどのポイントで空売りの注文を出すのでしょうか？

ここはあまり難しく考える必要はなく、今まで学んできた買いのポイントをそのままひっくり返せばいいのです。

簡単に言えば、買いパターンは「移動平均線を上に抜けたら買い」でした。ということは、**空売りはその逆で「移動平均線を下に抜けたら空売り」**です。

空売りと聞くと「難しいから私になんて……」と思う人が多いのですが、特に難しいことはなく、今まで学んだチャートでの売買ポイントがしっかり頭の中に入っていれば、それを頭の中でひっくり返すことができるかどうか。

ただそれだけです。

もちろん、今すぐにはできないかもしれませんが、多くのチャートに触れることによって慣れてくるので、決して心配する必要はありません。

「空売りは、ただ単に買いの逆」と考えればいいのです。

⚠75日移動平均線（長期線）を使ってみよう！

空売りも、買いの場合と同様に、まずは、75日移動平均線（長期線）を使って分析していきます。

下図を見てみると、2014年11月まで75日移動平均線（長期線）は上向いていたのに、2014年12月に入ってからは

■ 移動平均線の上向き・下向き

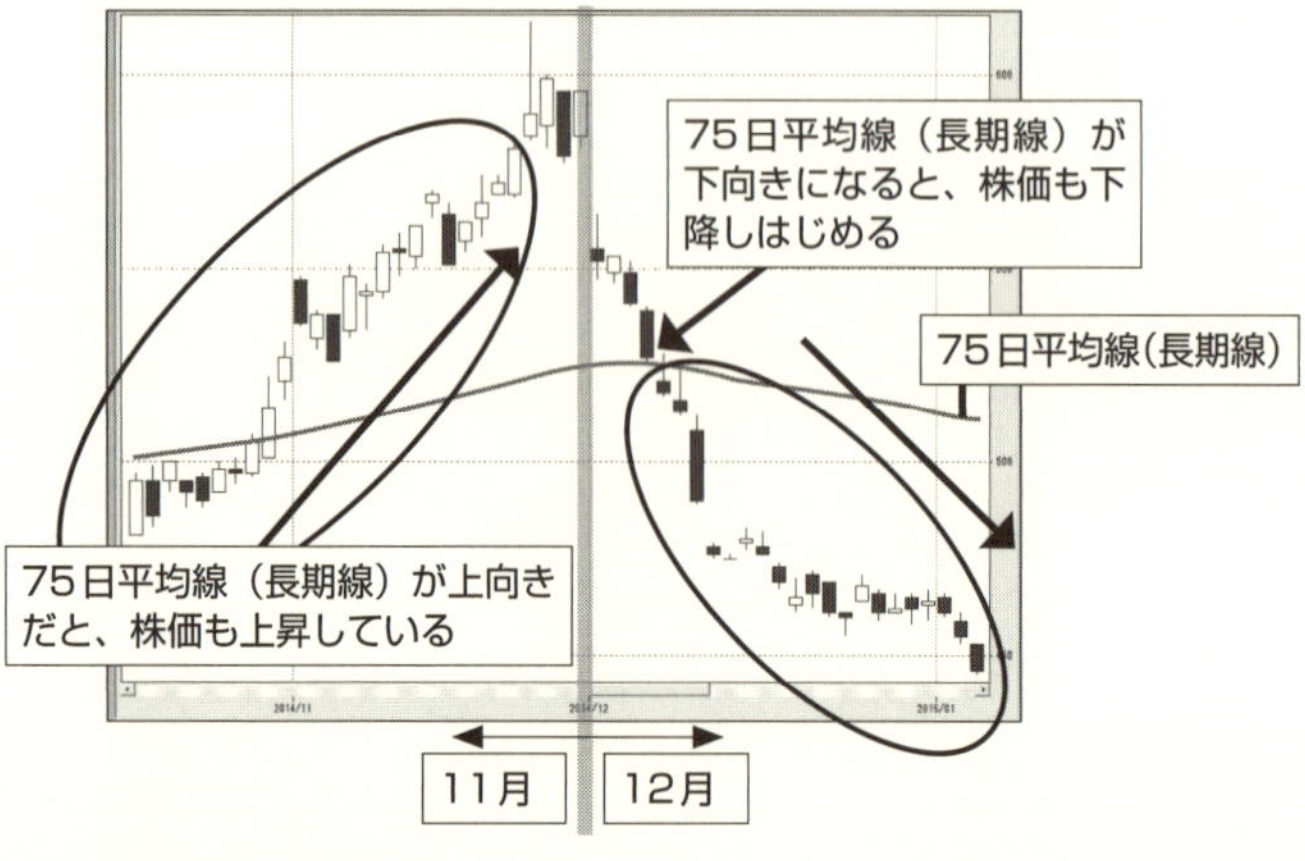

75日平均線（長期線）が下向きになると、株価も下降しはじめる
75日平均線(長期線)
75日平均線（長期線）が上向きだと、株価も上昇している
11月
12月

75日移動平均線（長期線）が下向きはじめました。このときから株価自体も下降基調に変化しています。

このようなことがいろいろな銘柄で日々起こっているので、私はこの動きを利用して空売りをしています。

では、いつ空売りをするのでしょうか？

空売りのポイントは下図のように、この**75日移動平均線（長期線）をろうそく足が上から下に抜けたところ**です。その日から株価が下がっているのがよくわかると思います。急落する場合、徐々に下がっていく場合、少し下がってから戻る場合がありますが、ポイントはこの日に空売りし、そのあと株価がいったん下がれば、長期的にどのような状態になろうとも短期的には利益が確保されるということです。

■ろうそく足が移動平均線を下に抜ける

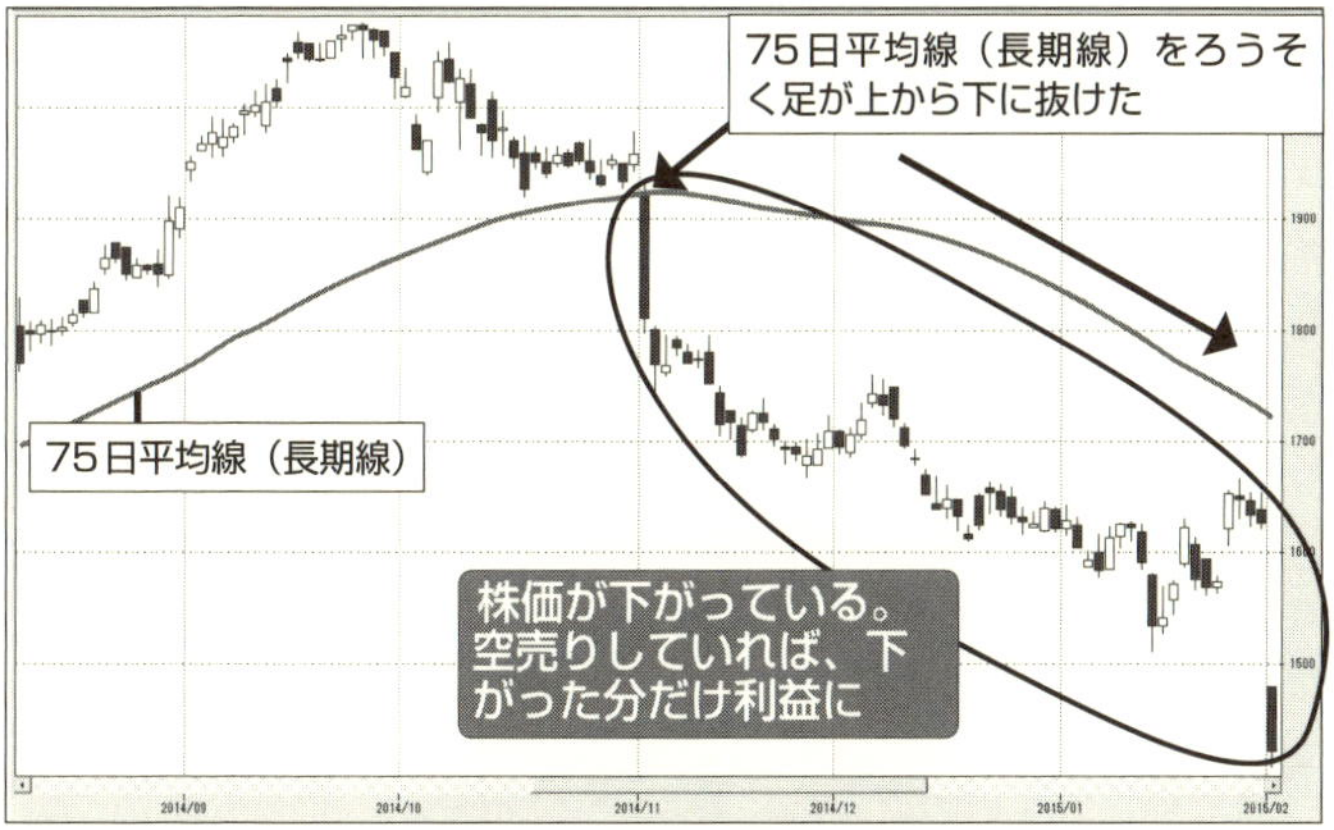

⚠チャートに潜む「ダマシ」とは?

75日移動平均線（長期線）をろうそく足が下に抜けたら、下がるということをお話ししましたが、これがもし、どんな銘柄にでも当てはまるのであれば、これは大変なことで、この本を読んだ人は誰でも、明日から大金持ちになれます。しかし、そのようなことはなく、買いの場合のときと同様に「株に絶対はない」のです。

そうです。

下図のように、**75日移動平均線（長期線）を下に抜けても下がらない場合もある**のです。**買いのときと同じく「ダマシ」があるのです。**

■ダマシの場合

⚠25日移動平均線（中期線）を使ってみよう！

基本的な考え方は、75日（長期線）の場合と同じです。そして、この25日移動平均線（中期線）にもダマシが存在します。

⚠決してダマされない真の空売りの場とは？

75日線（長期線）にはダマシがあり、25日線（中期線）にもダマシがあります。しかし、ダマされないところもあります。

そうです。買いの場合と考え方を逆にすればいいのです。

真の空売りの場は、75日線（長期線）と25日線（中期線）の両方を下に抜けたところです。

■25日線（中期線）を下に抜け、さらに75日線（長期線）を下に抜けた場合

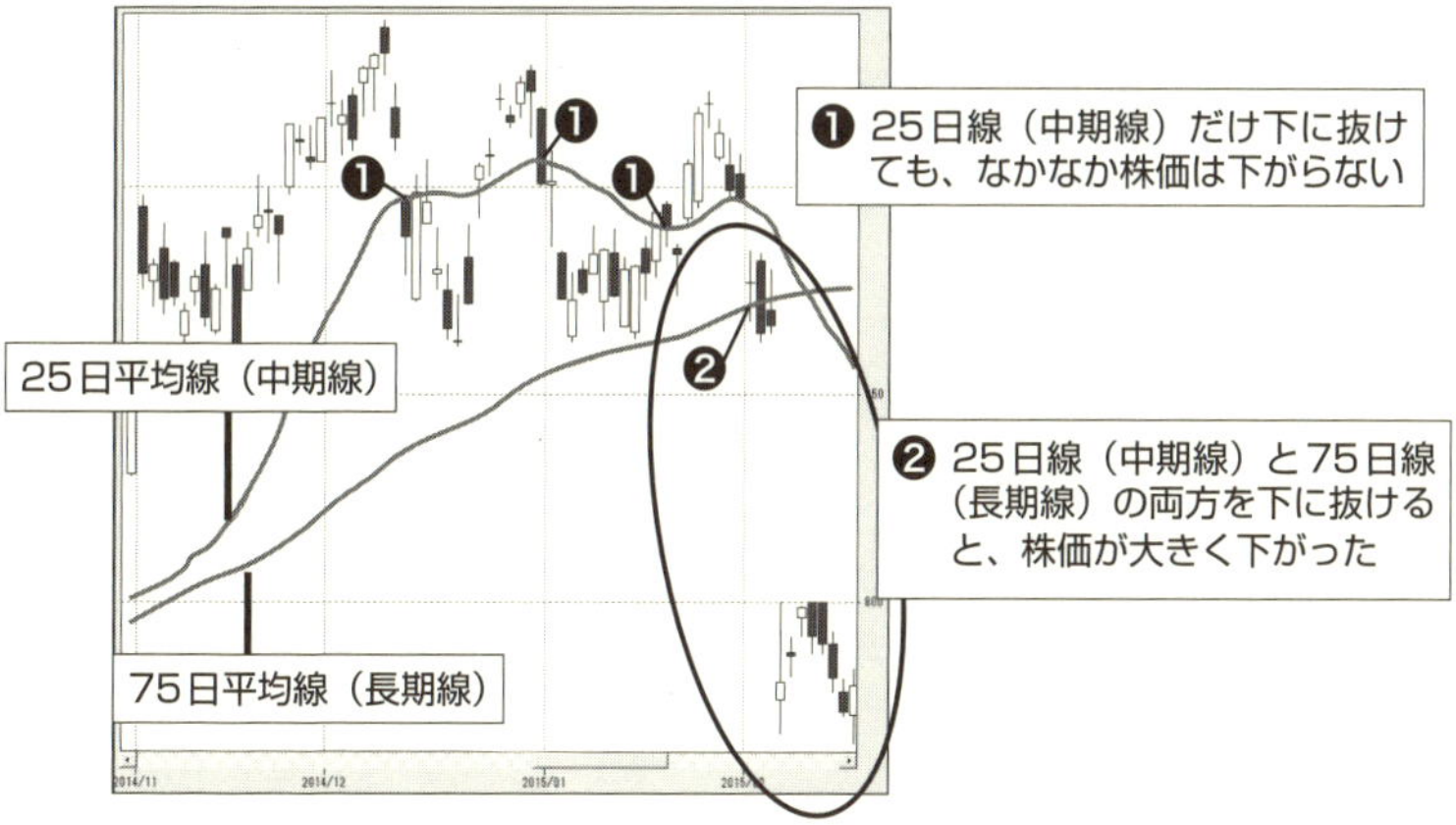

❶ 25日線（中期線）だけ下に抜けても、なかなか株価は下がらない
25日平均線（中期線）
❷ 25日線（中期線）と75日線（長期線）の両方を下に抜けると、株価が大きく下がった
75日平均線（長期線）
2014/11
2014/12
2015/01

では、実際のチャートを観ていきましょう。

前頁のチャートを観てください。❶25日線（中期線）だけを下に抜けてもなかなか下がらないですが、❷75日線（長期線）を下に抜けた瞬間から大きく下がっているのがよくわかります。

また、下のチャートは、❸75日線（長期線）だけを下に抜けてもなかなか下がらないですが、❹25日線（中期線）を下に抜けた瞬間から大きく下がっているのがよくわかります。

このように、25日線（中期線）と75日線（長期線）の両方を下に抜けると、下がる可能性が高くなるのです。

では次に、実際にはどのような銘柄をねらっていくのか見てみましょう。

75日線（長期線）を下に抜け、さらに25日線（中期線）を下に抜けた場合

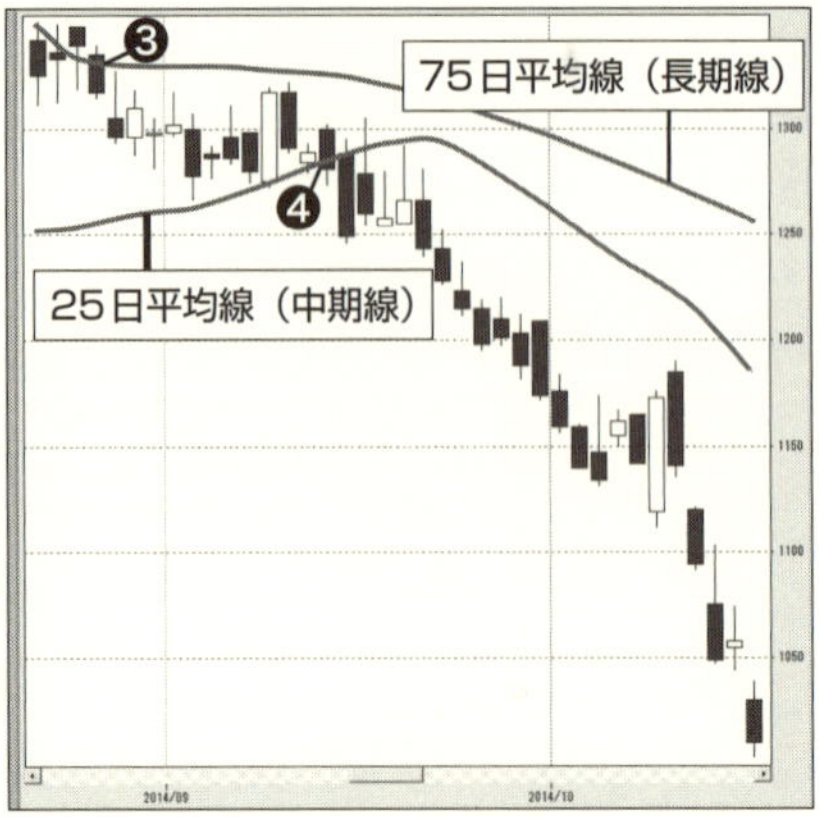

❸75日線（長期線）だけ下に抜けても、なかなか株価は下がらない

❹25日線（中期線）と75日線（長期線）の両方を下に抜けると、株価が大きく下がった

下図のチャートのように25日線（中期線）もしくは75日線（長期線）の上に株価が位置しているチャートを探します。

通常の買いでは、「これから買えそうだな」というチャートを探しておくのと同じように、空売りでは、「これから空売りできそうだな」というチャートを探しておくことが重要です。

そして、25日線（中期線）の下と75日線（長期線）の下の両方をクリアするところが真の空売りの場になります（258頁参照）。

このように空売りは買いのときと考え方を逆にするだけです。あなたにとって空売りは大損する危険なものではなく、状況次第ではとても大切な武器になるので、ぜひ身につけておいてください。

空売りのチャートをチェックする

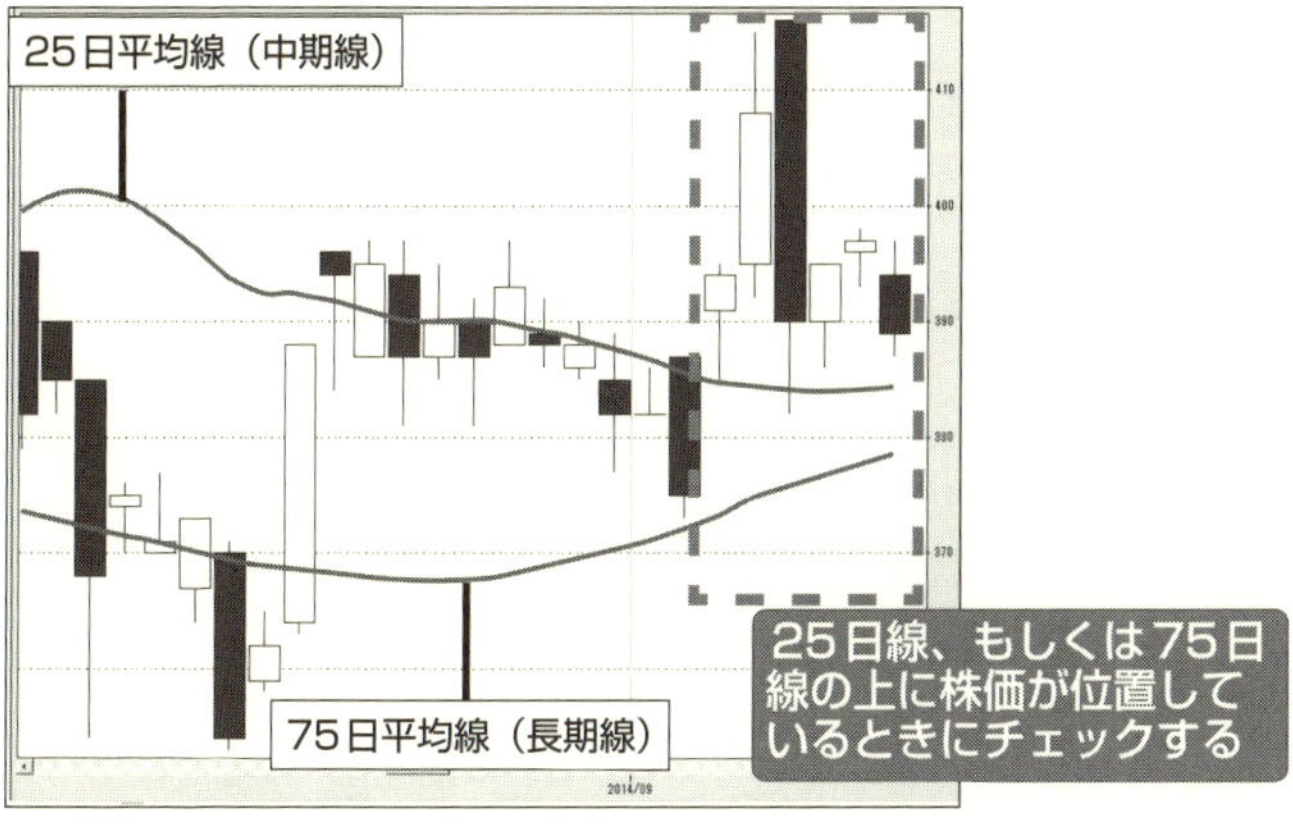
25日平均線（中期線）
75日平均線（長期線）
25日線、もしくは75日線の上に株価が位置しているときにチェックする

もちろん、買いのパターンをしっかりと身につけたうえで実行するようにしてください。

世の中には危険な行動がたくさんありますが、たとえば、「サーカス」はどうでしょう。

空中ブランコなんて、普通に考えれば、危険極まりない行動です。しかし、これはリスクを避けるためにいろいろな決まり事やルールを守り、練習に練習を重ねることによって危険ではなくなるのです。

そうです。

「信用取引・空売り」も同じです。リスクを避けるためにいろいろな決まり事やルールを守り、練習に練習を重ねることによって危険ではなくなるのです。

■ 真の空売りの場

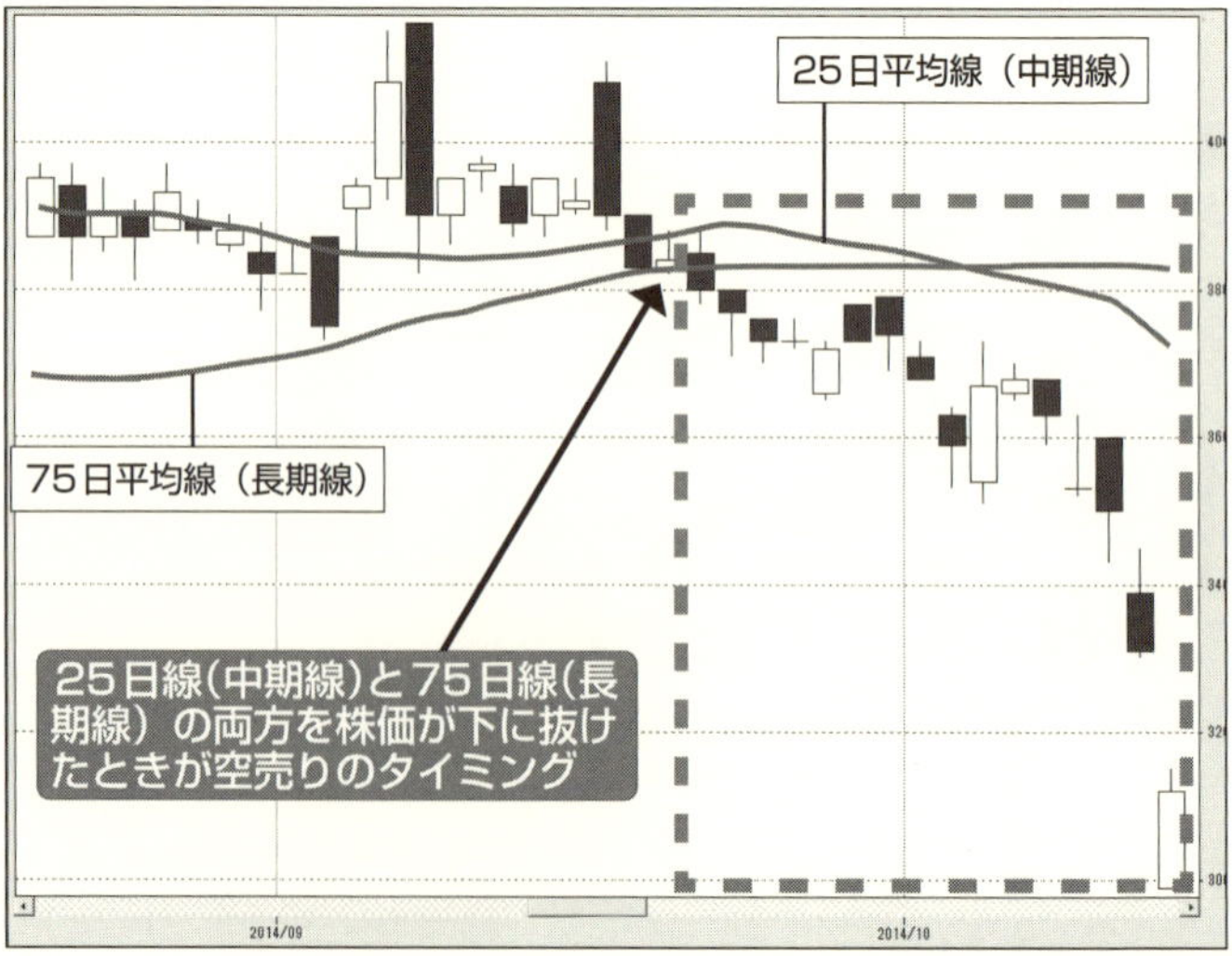

25日平均線（中期線）
75日平均線（長期線）
25日線(中期線)と75日線(長期線）の両方を株価が下に抜けたときが空売りのタイミング
2014/09
2014/10

第8章

職業トレーダーになるために

STEP 23 職業トレーダーへのステップ

⚠初心者から成功者へ

本書では、株のトレードの初心者に向けて、まずは大きく損をしないようにリスクを減らしつつ、コツコツ継続的に稼ぐことができるように一貫して書きました。稼ぐためには、具体的にどうすればいいのかも、盛り込んであります。

トレードの魅力を語りながら、トレードをはじめやすくするための内容にしたので、初心者はトレードに関して非常に興味を持ったことと思います。

そして、興味を持った人は、トレードの初歩の段階で留まることなく、さらなる次の段階が気になるのではないでしょうか？

そこで、「職業としてのトレーダー」になるまでの考え方を、少しだけ説明しておきます。

⚠株のトレードで成功者になるために

さて、あなたに質問します。

本書を読み終えたあなたは、その後、次の❶〜❸のどのタイプになっているでしょうか？

❶本を読んだだけでまったく何もしない人
❷本を読み、いいチャートを探すまでしたが、トレードの実践までに至らない人
❸本を読み、いいチャートを探し、実際に株を売買し、トレーダーとして歩みはじめる人

1度でも実際にトレードをした人は次のように思うでしょう。

「もっと何回もトレードがしたい」「もう少し大きな金額を動かすようなトレードがしたい」

トレードを1度経験したあとは、基本的には同じ作業を繰り返すだけです。ですから、はじめてトレードをするときには、不安や心配ごとのほうが大きいものですが、2回目のトレードのときは、「トレードをしたい」という気持ちのほうが不安や心配ごとよりも大きいので、1回目のトレードのときよりも精神的に楽になります。

また、トレードはパチンコや競馬などのギャンブルと同じで一種の中毒性があり、やればやるほどやめられなくなってきます。

そうです。**トレードがむちゃくちゃ好きになってくる**のです。

また、**1回あたりのトレード金額が5万円の銘柄も10万円の銘柄も、基本的なトレードの作業自体は同じなのだということに気がつくと、トレードに慣れてくれば作業的にも楽になります。**

トレーダーで成功する人は、これらの過程を通っており、かくいう私自身もこのような過程を経て、今に至っています。トレードが楽しくてしかたなくなり、トレードの作業自体も苦にならなくなったのです。

もちろん、2回目以降のトレードでの注意点はありますし、高額な金額でのトレードで失敗をすると大きな損を負ってしまうこともあります。

ただ、**基本的なトレードの作業は同じことの繰り返し**だということです。

ですから、**トレードで稼ぎたいのであれば、あれこれ悩まず、まずは、少額でもいいので1度実践することが重要**です。

本書をここまで読んできたあなたは、実践できるだけの基本的な実力が、もうすでに身についているのですから。

⚠トレードがうまくなると、本業もうまくいく

あなたは今、ここまで読み進んでいますが、本書を手にした理由は何でしょうか？

「お金がほしい」

「株に興味がある」

「今の仕事をやめて、ほかの収入を得たい」

いろいろあるとは思いますが、私の運営する株の塾である富田塾の塾生の中で、プロ個人トレーダーを目指す人の理由に「今の仕事をやめて、ほかの収入（トレード収入）を得たい」というのがあります。

要は、今の仕事が嫌だからまずはやめて、そして無の状態からトレードに専念しようというわけです。

私としては、その意気込みや決意は非常に素晴らしいと思いますし、本当にそうなるべくがんばってほしいと思います。そして、できるかぎりの手助けや応援をしていこうと思いますし、実際にそうなるような指導をしています。

しかし、私はそれを全面的には勧めません。

STEP 08 で前述したように、専業トレーダーの落とし穴にハマってしまうからです。私自身も10年以上前に体験しています。

まずは、**本業のある人（それが自営の人であれ、サラリーマンやOLの人であれ、アルバイトやパートの人であれ）は、とりあえずその本業を続けてください。やめないでください。これでまず生きていくための生活資金が確保されます。**これが大きいのです。

仮に毎月の利益目標額が30万円として、たとえば前月30万円負けた場合、今月あなたならどうしますか？　もし、生活資金が確保されていれば、あなたは負けた分を取り戻そうとしませんし、今月一気に60万円を稼ごうとはしません。年間トータルで３６０万円（月に30万円 × 12カ月）稼げばいいというように考えます。

そうすると、いつもの精神状態になり、本来買うべきではないリスクの高い銘柄をトレードしようとはしないでしょうし、いつもより多くの金額でのトレードもしません。いつものパターンでトレードを繰り返します。理にかなったやり方でトレードを行っているので、うまくいきます。

このように、**あなたの本業自体が生活するための保険であり、トレードを行うときの精神安定剤になる**のです。本業で多少の嫌なことがあっても、本業の給料や収入が少なかったとしても、今の本業は決して辞めないでください。

そして、**トレードと本業を並行してやってください。**不思議なことにトレードの成績が安定してくるのです。

と同時に、本業がうまくいき出します。

実はトレードというものは世の中のあらゆるビジネスを集約した形なのかなと私は考えます。

トレードで利益を出すためには、「お金、技術、知識、精神面、思考法」などいろいろなものが必要ですが、これら必要なものはビジネスや仕事においても同じだと思います。こういった能力が、トレードを行うことにより鍛えられるのではと考えます。その意味では、トレードで成功するということは、ほかの分野でも成功しやすくなるということになるのではないでしょうか？

⚠ トレードがうまくなると、副業もできるようになる

あなたのトレードが上達し、軌道に乗り出すと、本業においてもプラスになることは先ほどお話しましたが、これは副業についても同じです。

あなたには今、本業があります。そして、トレードというビジネスがあります。これが副業と

いえば副業ですが、トレードとは別にほかの副業を持ってみてください。この副業の業種は何でもいいと思いますが、これが不思議とうまくいくのです。

なぜうまくいくのか？　それはトレードがうまくいっているからです。

このようにトレードがうまくいっていると、本業であれ副業であれ、全般に波及するのです。

⚠職業トレーダーへの3ステップ

❶目標月額利益の設定、目標年間利益の設定
❷目標月額利益、目標年間利益が得られるトレード資金運用基準の把握
❸トレード資金をうまく運用するための日々の戦略

職業トレーダーになるためのポイントとしては、1回あたりのトレード資金が50万円以上となり、初心者の人にとっては高額になってくるところです。

「50万円」この金額に初心者トレーダーであれば、心理的に怖気づいてしまうと思います。

塾生からよくこんな質問を受けます。

「1回あたりのトレード資金はいくらくらいですか？」

私が「最低でも50万円かな」と答えると
「そんな高い金額、大損をしそうで怖い」

とトレード計画について、私の詳しい説明を聞く前から耳を閉ざしてしまいます。

しかし、実際には資金規模が大きくなるほうがリスクは分散されて、ストレスの少ないトレードが可能になります。

たとえば、1銘柄所有のトレーダーの場合、勝率は次のようになります。

利益が出ている ⇩ 勝率100％
損失が出ている ⇩ 勝率0％

それが、5銘柄所有の場合は次頁のようになります。

1銘柄の損失 ⇩ 勝率80％（4勝1敗）
2銘柄の損失 ⇩ 勝率60％（3勝2敗）

3銘柄の損失⇩勝率40％（2勝3敗）

仮に3銘柄の損失だとしても、1銘柄所有のトレーダーのように勝率がゼロになるわけではありません。

さらに、10銘柄所有のトレーダーの場合は、次のようになります。

1銘柄の損失⇩勝率90％（9勝1敗）
2銘柄の損失⇩勝率80％（8勝2敗）
3銘柄の損失⇩勝率70％（7勝3敗）
6銘柄の損失⇩勝率40％（4勝6敗）

6銘柄の損失でも、40％の勝率を確保できるのです。

銘柄数が増えて収入は増えるのに、リスクは減らすことができるのです。

もちろん、実際のトレードはこんなに単純なものではないですが、このように資金規模が大きくなることで、リスクが分散されていくのです。

付録

「株式投資 副業入門」チェックシート集

◎ 各シートは、157%に拡大コピーしてお使いください。

◎ 付録に掲載されているチェックシートは、ほぼ同様のものがダウンロードできます。

ダウンロードサイト
http://tomita-stock.com/book001/

■ 検討市場チェックシート

☑	❶ 市場	東証一部、東証二部、東証マザース、ジャスダックスタンダード、ジャスダックグロースのうちどれか？
☑	❷ 市場の状態	選んだ市場のチャートが買いサインを出しているか？ または上昇相場中か？

■ 銘柄検索チェックシート

☑	東証一部の値上がり、値下がり、売買高ランキングを見たか？
☑	東証二部、東証マザーズ、ジャスダックスタンダード、ジャスダックグロースの売買高ランキングを見たか？
☑	ランキングの1 ～ 50位までを見たか？

■ チャートパターンチェックシート

☑	株価の位置	75日移動平均線もしくは25日移動平均線の下に株価が位置しているか？
☑	株価と移動平均線との距離	どちらかの移動平均線から株価が下に大きく離れすぎていないか？
☑	株価の気配	75日移動平均線もしくは25日移動平均線に近く、両方の移動平均線を上に抜けそうか？
☑	今後の株価	これから買いポイントに近くなることが予想できるチャートか？
☑	チャートの形	いいチャートでないにもかかわらず、トレードしようとしていないか？

利益確定と撤退のチェックシート

1回あたりのトレード資金	ロスカットしてもよい金額 ÷ 0.03 ＝　　　　　　　　　　円
ロスカットしてもよい金額	円
目標利益	円

❶ 数か月間のトレードであれば、トレード資金の10%以上で可
❷ 数週間のトレードであれば、トレード資金の3～10%まで
❸ 数日間のトレードであれば、トレード資金の1～3%まで
❹ 1日間のトレードであれば、トレード資金の0.5～1%まで
目標利益 ＝ 1回のトレード資金 × ❶❷❸❹のいずれかになっているか？

☑	トレードスタンス【その1】	「相場状況がいいから儲かった」「相場状況が悪いから儲からない」となっていないか？
☑	トレードスタンス【その2】	「どんな相場状況でも稼ぐ」相場状況に左右されないトレードになっているか？
☑	撤退準備【その1】	買った株が失速した場合の撤退のため、移動平均線を割り込めば、売る準備をしているか？
☑	撤退準備【その2】	買った株が失速した場合の撤退のため、前日のろうそく足の安値を割り込めば、売る準備をしているか？

実践相場 & 銘柄チェックシート

☑	市場	今、買おうとしている銘柄は東証1部、東証2部、東証マザーズ、ジャスダックスタンダード、ジャスダックグロースのどの市場か？
☑	市場のチャート	市場のチャートは現在、上昇中か？　これから上昇するのか？

☑	長期線	長期線（75日線）が上向きか？　下向きであっても、下向きの角度が緩やかになっているのか？
☑	中期線	中期線（25日線）が上向きか？　下向きであっても、下向きの角度が緩やかになっているのか？
☑	ろうそく足【その1】	ろうそく足は、前日の終値近辺から当日の始値が決まることが多いか？
☑	ろうそく足【その2】	ろうそく足のヒゲが多くないチャートか？
☑	日柄	日柄は前回高値から6カ月程度経過しているか？

自身の思考法と精神状態のチェックシート

☑	今後あなたがトレードを続けていく中で、同じような形のチャートを再度見つけたとき、もう１度この形のチャートを買うか？
☑	以前にも同じようなチャートの形を買ったことがあるか？（トレードを何回か行っている場合）
☑	ただ単にいいと思っただけで、買いの根拠がないのではないか？
☑	いいチャートがなく、無理矢理トレードをやっていないか？
☑	買ったあとは下がることを考え、悪いシナリオを描いているか？
☑	買ったあと、思惑通り上がったら、どこまで上がるか冷静に考え、トレード期間と利益率を考えて、妥当なところに目標を設定しているか？
☑	売り目標はあくまでも目標であって、目標に到達しなくても、ある一定ラインを割り込めば売る準備ができているか？

買い価格決定 & 期待できる利益のチェックシート

逆指値注文	☑	株価が移動平均線を上に抜けるときか？（逆指値注文）
	☑	移動平均線を上に抜けたろうそく足の高値を株価が上に抜けるときか？（逆指値注文）
	☑	(　　　　　　)円以上になったら(　　　　　　)円で買い
	☑	買い場は移動平均線の上で、移動平均線から３%以内であるか？
		トレード株数は(　　　　　　)株 １回あたりのトレード限度額に株数をあわせたか？

指値注文	☑	移動平均線から株価が上に離れ、乗り遅れてしまった場合は、いったん押したところ（下がったところ）で、指値注文
		(　　　　　　)円で指値買い
	☑	買い場は移動平均線の上で、移動平均線から３%以内であるか？
		トレード株数は(　　　　　　)株 １回あたりのトレード限度額に株数をあわせたか？

買いシナリオチェックシート

☑	株価は移動平均線の上下、３%以内か？
☑	買い約定後は、中期長期両方の移動平均線を上に抜けたことになるか？
☑	目標利益はどのくらい見込めるのか？（短期トレード・中期トレード・長期トレードによって異なる）

指値 & 逆指値注文確認チェックシート

買い編	
☑	今買おうとしているチャートは、成行注文ではなく、指値注文か？
☑	今買おうとしているチャートは、逆指値注文か？
☑	逆指値の条件の価格は間違っていないか？
☑	「以上」「以下」は「以上」になっているか？（逆指値注文）
☑	買指値は逆指値条件と同じ価格もしくは少し上の価格であるか？（逆指値注文）
☑	成り行きではなく、指値になっているか？（逆指値注文）
☑	株数は妥当か？
☑	注文の有効期限は本日中か？
ロスカット編	
☑	今売ろうとしているチャートは、指値注文ではなく、逆指値注文か？
☑	逆指値の条件の価格は間違っていないか？
☑	「以上」「以下」は「以下」になっているか？（逆指値注文）
☑	指値ではなく、成り行きになっているか？（逆指値注文）
☑	株数は妥当か？
☑	注文の有効期限は本日中か？

■ 購入後チェックシート

☑	目標利益価格を再確認
☑	目標利益価格に指値注文を入れたか？
☑	目標利益価格に到達していない場合、前日のろうそく足の安値を確認したか？　または逆指値注文による利益確定の準備はできているか？
☑	保有銘柄の市場チャートの自信度を確認したか？ Ⓐ 指数の価格が中長期線の両方の上に位置する Ⓑ 指数の価格が中期線の上だが長期線の下に位置する、もしくは 指数の価格が中期線の下だが長期線の上に位置する Ⓒ 指数の価格が中長期線の両方の下に位置する
☑	ⒶまたはⒷの場合、ろうそく足の安値を割り込めば、 ロスカットする
☑	Ⓒの場合、移動平均線を割り込めば、ロスカットする

ロスカットにならずに含み益が出てきた場合 （目標利益価格に指値注文を入れない場合）	
☑	Ⓐの場合、長期線割れまで保持可能
☑	Ⓑの場合、中期線割れまで保持可能
☑	Ⓒの場合、前日のろうそく足の安値割れまで保持可能

☑	保有している複数株を売るときは板情報の買い気配値の それぞれの価格の注文数が保有数分あることを確認したか？
☑	年間を通じて、トレードで損失が出た場合、確定申告をしたか？
☑	売買手数料、必要経費など株のトレードに関する費用を確認したか？

あとがき

個人投資家が圧倒的に不利な株式相場の世界。国民の金融資産に対する国の施策は、「貯蓄から投資へ」にも関わらず、国民に投資の正しい知識を与えず、投資教育をおこなわない体質。

このような現状を変えるべく、本書ではいろいろと語ってきましたが、私の言いたいことは、次の4つになります。❶役に立たない情報やニュースではなく、株価チャートのみで売買判断し、トレードをする際の精神的心理的負担やストレスを軽減し、より楽しく健康的なトレードができる人を増やす。❷漫然と投資をしている個人投資家に理路整然とした個人トレーダーになってもらい、「自分自身の株生活は楽しくコントロールできるのだ！」ということを実感してもらい、日々トレードをすることによっての成し遂げたい目標を持って、それに向かって前向きに生きることが普通であるような日常を創出する（個人トレーダーという存在が珍しい存在である今を変える）。❸株価チャート教育を学校教育に普及し、個人の資産形成の上での必須スキルとして定着させ、株のトレードをただ単なる「投資」ではなくビジネスとしての「業」のレベルにまで押し上げる。❹単なるトレードのノウハウのみを提供するだけではなく、思考・精神・深層心理・行動規範など人間の根本にまで働きかけ、悩める人の生き方自体を幸せで有意義なものに変える。

これらを広げていく中で、本書が少しでも力になれればと想いながら締めくくりたいと思います。

冨田晃右

出版協力
松尾昭仁（ネクストサービス株式会社）

確実《かくじつ》に稼《かせ》げる　株式投資《かぶしきとうし》　副業入門《ふくぎょうにゅうもん》

2015年11月30日　初版第1刷発行
2017年 5 月20日　初版第3刷発行

著　者　冨田晃右
発行人　柳澤淳一
編集人　福田清峰
発行所　株式会社　ソーテック社
〒102-0072 東京都千代田区飯田橋4-9-5　スギタビル4F
電話：注文専用 03-3262-5320
FAX：　　　　03-3262-5326
印刷所　大日本印刷株式会社

ISBN978-4-8007-2029-0